跟我游南京

白　雁　著
王梦珊
彭程远　绘

去旅行（中国版 2）

广西科学技术出版社

图书在版编目（CIP）数据

跟我游南京 / 白雁著；王梦珊，彭程远绘. —南宁：广西科学技术出版社，2021.10
（去旅行：中国版. 2）
ISBN 978-7-5551-1615-8

Ⅰ. ①跟… Ⅱ. ①白… Ⅲ. ①南京—概况—儿童读物 Ⅳ. ①K925.31-49

中国版本图书馆CIP数据核字（2021）第130038号

GEN WO YOU NANJING
跟我游南京
白雁 著　　王梦珊　彭程远 绘

策划编辑：蒋　伟　王滟明　　责任编辑：付迎亚　聂　青
责任审读：张桂宜　　责任校对：张思雯
书籍装帧：于　是　　内文排版：孙晓波
责任印制：高定军　　视频制作：尹霄霄
营销编辑：芦　岩　曹红宝

出 版 人：卢培钊　　出版发行：广西科学技术出版社
社　　址：广西南宁市东葛路66号　　邮政编码：530023
电　　话：010-58263266-804（北京）　0771-5845660（南宁）
传　　真：0771-5878485（南宁）
经　　销：全国各地新华书店
印　　刷：雅迪云印（天津）科技有限公司　　邮政编码：301500
地　　址：天津市宁河区现代产业区健捷路5号
开　　本：850mm × 1000mm 1/16
印　　张：2.5　　字　　数：50千字
版　　次：2021年10月第1版　　印　　次：2021年10月第1次印刷
书　　号：ISBN 978-7-5551-1615-8
定　　价：108.00元（全6册）

目录 CONTENTS

欢迎来到南京

南京有着6000多年文明史和近2500年建城史，自古以来就是一座崇文重教的城市，有“天下文枢”的美称。让我们一起来南京感受一下吧！

大家好，我是长笛手梅梅

我叫梅梅，今年11岁，上小学六年级。我喜欢读书、吹长笛，江苏民歌《茉莉花》是我的拿手曲目。我经常把自己的书带到学校，和同学们一起分享，同学们都叫我“书虫”。我爸爸是医生，妈妈是一位老师，他们都很忙，手头似乎永远有忙不完的工作。对了，我姓梅，而且梅花是我们南京的市花，所以我的小名叫梅梅。

大家好，我是游泳达人宁宁

我叫宁宁，今年12岁，上初中一年级。我的名字来自南京的简称——宁。我喜欢游泳，爸爸总叫我“大鱼”。我爸爸是一名电脑工程师，前阵子他告诉我，他做了个小程序，可以帮助来南京旅游的人随时找到公共厕所。我妈妈在博物馆工作，她喜欢给我讲南京的历史典故。我家住在钟山下，周末我们一家人常去爬钟山。

“六朝古都”与“十朝都会”

说起南京，很多人会想到“六朝古都”这个称呼。我们按照时间先后，可以这样排列曾经在南京建都的6个朝代：三国吴，东晋，南朝宋、齐、梁、陈。没错，这就是“六朝”。实际上，唐代以后，又有若干政权建都南京，其中比较有名的有南唐、明、太平天国、中华民国。因此，南京也叫“十朝都会”。南来北往，人文荟萃，历史给南京留下了格外丰厚的物质遗产和文化遗产。

中文名：南京　**外文名：**Nanjing
别名：建业、白下、建康、金陵、江宁、应天、石头城、天京等
行政区类别：省会
所属地区：中国华东地区
下辖地区：11个市辖区
地理位置：江苏省西南部，长江下游
面积：6587.02平方千米
著名景点：钟山风景区、夫子庙—秦淮风光带、玄武湖、总统府、老门东等

注：本章的城市基本情况
各种信息均以2021年9月前信息为准

多雨的南京

南京是亚热带季风气候，夏季温暖潮湿，冬季干燥寒冷。南京冬夏长、春秋短，甚至可以说基本上没有春秋天——前几天还热得穿短袖，过几天说不定就可以穿羽绒服啦。

“夏热冬寒”是南京显著的气候特征。南京夏天非常热，曾经和武汉、重庆并称“三大火炉”。近些年由于大气环流的变化和植树造林的加强，南京炎热程度大为减轻。每年6月下旬到7月上旬是南京的梅雨季节，这段时间南京特别爱下雨，时常阴雨绵绵。南京冬天也比较寒冷，进入腊月，南京下雪的机会就比较多啦。如果你来南京正好遇上下雪，那就太美妙啦，江南的雪景真是别有一番风味。南京冬天不但温度低，而且湿度大，过冬真是考验人啊！

四通八达的地铁、公交、观光巴士遍布南京城的角角落落，现代化的交通工具能把我们带到“古董铺子”的任何一个“展厅”。特别值得一提的是秦淮河上的画舫。夜幕降临时，夫子庙游船码头的画舫将带你穿越时光，领略南京母亲河——秦淮河的魅力。

“古董铺子”上新了

近 2500 年的建城史，让南京充满了厚重典雅的古意。而近些年的现代化建设，又让这座古老的城市，焕发出青春的活力。“古董铺子”上新啦，让我们来一趟纵横古今的旅行吧。

越城

公元前 472 年，越王勾践下令让范蠡（lǐ）在今南京中华门外（古长干里）筑城，这是南京主城区建造得最早的一座城池，史称“越城”；因为筑城工程是由范蠡主持的，所以又叫“范蠡城”。这里地势较高，北临秦淮河，南倚雨花台，西控长江。这样优越的地理位置正是越国在这里筑越城的原因，越国将这里作为进攻楚国的根据地之一。

历史大事记

公元前472年，越王勾践命令范蠡在今南京中华门外筑城，史称“越城”。

229年，孙权建都建业（今南京），国号“吴”。

317年，司马睿在建康（今南京）重建晋廷，史称“东晋”。

420年，刘裕建立刘宋，建都建康（今南京），中国历史进入南北朝时期。

1368年，朱元璋建立明朝，定都应天府（今南京）。

1853年，太平军攻占江宁（今南京），建立太平天国，改称天京。

1912年，中华民国临时政府在南京成立。

1937年，日军在南京及附近地区进行长达40多天的大规模屠杀，史称“南京大屠杀”。

1600 年前的东方大都会

早在东汉末年，由于大量人口南迁，南京的人口开始迅速增长。南朝时期，南京总人口超过了百万，城市范围西至石头城，东至现在的江宁县东，南到如今的雨花台一带，北出钟山，“东西南北各四十里”，真不愧为“东方第一大都会”，与古罗马城并称“世界古典文明两大中心”。与巨大的人口规模相符，当时的南京也是一个文化经济高度繁荣的城市。

南京故宫：北京故宫的蓝本

南京故宫，又叫明故宫，是明朝初期的皇宫。明故宫始建于元至正二十六年（1366 年），明洪武二十五年（1392 年）才完工，前后用了 20 多年，被称为“世界第一宫殿”。

明故宫作为中国古代都城宫殿建筑的集大成者，是北京故宫的蓝本。清朝末期至民国期间，由于战争频繁，明故宫损毁很严重。为了保护明故宫遗存，南京设立了明故宫遗址公园和午朝门公园，分别位于中山东路的北边和南边。有时候我也会去那边走走看看，通过遗址和公园里的各种介绍文字来了解明故宫的历史。

一树独先天下春

南京的市花是梅花。梅花不惧严寒，有“一树独先天下春”的说法，与松、竹并称“岁寒三友”。梅花同时也是代表吉祥的植物，有“梅开五福”的说法。我们赏梅最爱去的地方是明孝陵梅花山，它有“天下第一梅山”的美誉。这里有几百个品种的梅花，其中“梅王”“梅后”和“情人梅”是最出名的，真的是太美了！

南京的市树是雪松。雪松挺拔雄伟，耐严寒和酷暑，深受我们喜爱。南京的北京东路和御道街，都是有名的“雪松大道”，一年四季郁郁苍苍，是城市不可或缺的风景线。你要是来南京，我一定带你来“雪松大道”走一走、看一看。

钟山下的校园生活

我喜欢上学，和老师、同学在一起的乐趣，几天几夜也说不完。当然，我最想跟大家说的，还是我们学校的管乐团。

我是长笛手

每个星期一早晨学校都有升旗仪式，这个星期一也不例外。但和平常不同的是，这天升旗时的国歌由我们管乐团现场演奏。升旗仪式上，在澎湃激昂的乐声里，在老师和同学们的注目礼中，五星红旗迎着朝阳冉冉升起。我们的乐团曾多次参加江苏省和南京市的比赛，取得了优异的成绩。我是一名长笛手，2019年夏天，我跟随乐团远赴澳大利亚参加展演，在悉尼歌剧院奏响《我和我的祖国》，为学校赢得了荣誉。

有意义的“雏鹰假日小队”活动

我们的寒假很短，一般是3个星期左右。即使放假了，同学们也会抽时间聚集在一起开展“雏鹰假日小队”活动。2020年，我们一起去看望了抗战老兵杨爷爷。抗战期间，杨爷爷参加过第三次长沙会战、浙赣会战、鄂西会战、长衡会战、桂柳会战等战役。杨爷爷向同学们讲述了他在抗日战争期间的若干战斗经历，给大家上了一堂生动的爱国主义教育课。其中，他遭遇3名日军的惊险经历，让我们听得格外紧张。

采一捧茶叶送给爸妈

每年 3 月份，就到了采茶季，学校会组织我们去采茶。茶厂的师傅告诉我们，采茶要轻摘轻放，不能伤着茶树，也不能伤着采好的茶叶。采完茶后，我们就去看炒茶，只见师傅正伸出双手在一口大锅里快速翻炒。师傅说，茶叶炒去水分，炒掉青涩味，下一道工序就是揉茶了。如今，虽然有了现代化的制茶机器，但是手艺高超的师傅，还是会亲自上手炒制。离开茶厂时，师傅送给我们每人一小瓶炒制好的雨花茶，让我们带回家给爸爸妈妈尝鲜。

雨花茶是南京特产的茶叶，也是中国十大名茶之一。雨花台园林风景区是它的产地之一。雨花茶的外形像松针一样，冲泡后的茶色碧绿，味道醇厚而甘甜。

当一回田园小农夫

我们教学楼东侧有一个占地10亩左右的“谐苑”，在土地资源珍贵的城市里，可以说是很奢侈了。“谐苑”里的“小农夫实践园”，是我们课余常去玩耍实践的地方。实践园由动物养殖区、蔬菜种植区和植物观赏区组成。动物养殖区的小动物和蔬菜种植区里的蔬菜，都是同学们自己动手养殖和种植的。植物观赏区则美景不断：春天樱花绽放，夏天葡萄满架，秋天银杏结果，冬天梅花凌寒怒放……语文老师都把作文课搬进了“谐苑”，要求我们用心观察自然、亲近自然、描写自然。

五花八门的博物馆

博物馆是一座城市的灵魂，南京大大小小的博物馆（纪念馆、专题展馆）超过 200 座。

南京博物院

南京博物院是我国藏品最丰富的综合类博物馆之一。爸爸妈妈常常在假期带我去那里长知识。南京博物院有一院六馆：历史馆的馆藏文物展示了从旧石器时代到清朝中国南方典型的水乡文化；特展馆重点打造国内外精品展览和以院藏宫廷文物为主的专题展；艺术馆主要展示历代绘画、书法和雕塑；非遗馆集中展示江苏省有代表性的非物质文化遗产项目；民国馆通过建筑场景还原，再现了南京作为中华民国首都时期的那段时代记忆；数字馆借助科技手段，通过网络和虚拟平台展示了中华文明的发展历程。这些馆里面，我最喜欢民国馆，走在里面的“风情一条街”，有瞬间穿越的感觉。

听妈妈说，西汉时期的金兽是南京博物院的镇馆之宝之一。它是 1982 年农民万以全挖水渠时发现的，是迄今为止我国出土文物中最重的金器，被誉为“国之瑰宝”。看着确实个头不小啊！

六朝博物馆

六朝博物馆位于玄武区长江路以北，是中国展示六朝文物最全面的遗址博物馆。六朝指三国吴，东晋，南朝宋、齐、梁、陈，它们的共同点是都建都于今天的南京。六朝承汉启唐，创造了非常辉煌灿烂的文明，在科技、文学、艺术等方面都达到了空前的繁荣。

六朝博物馆的镇馆之宝有好几件，我印象最深的是三国吴青瓷釉下彩羽人纹盘口壶。我觉得它造型很可爱，妈妈跟我说它是中国迄今发现最早的以绘画技术美化的瓷器，也证明中国在三国时期就已有了釉下彩工艺，可以说改写了中国瓷器史。

南京市博物馆

南京市博物馆所在的朝天宫，是江南地区现存规模最大、保存最为完整的明清官式古建筑群落。博物馆与古建筑珠联璧合，可以说是人们领略古都文化精髓的最好去处。馆内收藏了文物10万多件，我最感兴趣的是青花萧何月下追韩信图梅瓶。它是元代烧制的，色泽鲜艳，瓶肚子上绘制的是“萧何月下追韩信”的故事，代表了当时最高的工艺水准。

江宁织造博物馆

了解《红楼梦》的人都知道，清代文学家曹雪芹的祖父曾在“江宁织造”任职，专门负责为朝廷督造和采办丝织品，比如为皇帝的龙袍挑选和购买原材料。

江宁织造博物馆，就是在江宁织造遗址上建造起来的一座现代博物馆，位于南京市玄武区大行宫地区，由著名建筑学家吴良镛先生担纲设计。馆内复建了江宁织造原有的古典建筑，宛如一幅江南山水画。

江宁织造博物馆收藏了许多中国古代的丝织品，其中云锦更是珍贵。妈妈告诉我，云锦是南京最有名的丝织品，工艺十分复杂，至今还保持着传统的技艺。一台机器每天只能织成几厘米长的云锦，所以云锦有“寸锦寸金”的称号。

南京古生物博物馆坐落在市中心的鸡鸣寺风景区，是目前世界上最大的古生物专业博物馆之一。其中，以“澄江生物群”和包括“中华龙鸟” 在内的“热河生物群”化石标本最为珍贵，堪称国宝级化石精品。“澄江生物群”再现了寒武纪早期海洋生物的真实面貌，为揭示地球早期生命演化提供了非常珍贵的证据。“热河生物群”是中生代晚期生活在亚洲江河湖沼中的一个生物群，被誉为“20世纪全球最重要的古生物发现之一”。

恐龙的世界

曾经有大大小小很多种类型的恐龙悠闲地生活在中国这片土地上。

青岛龙小档案

主活时代：约 7000 万年前
（晚白垩纪）
食性：植食
体形：身长约 7 米
发现地点：中国山东

青岛龙化石是我国发现的最著名的有顶饰的鸭嘴龙化石，也是我国首次发现的完整的恐龙化石。鸭嘴龙家族的成员以温柔、优雅、俊美著称，作为成员之一，青岛龙性格温顺，喜欢群居，主要吃树叶和果实。

在青岛龙的头部有一个长长的突起，这个突起十分柔弱，不能用来和其他恐龙搏斗，据说主要是用于吸引雌性青岛龙或是与同类交流。

中华盗龙小档案

主活时代：约 1.6 亿年前
（中侏罗纪）
食性：肉食
体形：身长约 7 米
发现地点：中国新疆和中国四川

中华盗龙目前有两种：董氏中华盗龙及和平中华盗龙。董氏中华盗龙发掘于新疆准噶尔盆地，和平中华盗龙则发现于四川省自贡市和平乡。中华盗龙的速度很快，它们捕食的对象可能就是著名的“巨无霸”马门溪龙，有化石显示中华盗龙曾被马门溪龙的尾巴打伤并自愈。

马门溪龙小档案

主活时代：约 1.45 亿年前
（晚侏罗纪）
食性：植食
体形：身长约 22 米
发现地点：中国四川、重庆等地

马门溪龙是中国目前发现的最大的蜥脚类恐龙之一，它们的身体非常庞大，脖子的长度几乎占了身长的一半。与巨大的身体相比，它们的脑袋实在小得可怜。为了给身体补充能量，它们每天都要吃很多树叶和果实，长长的脖子正好能帮助它们吃到树木顶端的叶子。它们的尾巴很长，奔跑时翘起的尾巴可作为平衡器用。

约 2.5 亿年前，曾经有一类爬行动物在我们的地球上漫步，在一段时期的繁衍生息后，它们神秘地消失了。它们名为恐龙。恐龙生活的时代叫中生代，开始于约 2.5 亿年前，结束于约 6600 万年前。中生代从早到晚可依次分为三叠纪、侏罗纪和白垩纪。

将军龙小档案

生活时代：约 1.45 亿年前（晚侏罗纪）
食性：植食
体形：身长约 6 米
发现地点：中国新疆

将军龙是侏罗纪时期新疆地区最厉害的食草恐龙之一，体重约 2 吨，可能是永川龙和中华盗龙的主要猎物之一。

禄丰龙小档案

生活时代：约 1.9 亿年前（早侏罗纪）
食性：植食
体形：身长约 6 米
发现地点：中国云南

1941 年，人们在中国云南省的禄丰地区发现了禄丰龙的化石，这也是中国人自主发现、发掘、研究、装架并展出的第一具恐龙化石。为了纪念禄丰龙化石的发现，人们还把它印在了 *1958* 年发行的邮票上。

禄丰龙喜欢群居生活，头很小，用四肢行走，长长的尾巴可以帮助它们保持身体平衡。它们有时还会举起前腿，用后腿站立来吃高处的树叶。

中华龙鸟小档案

生活时代：约 1.4 亿年前（早白垩纪）
食性：肉食
体形：身长约 1 米
发现地点：中国辽宁

中华龙鸟的名字的意思是“来自中国的像鸟的恐龙”。中华龙鸟也是群居动物。它们有锐利的牙齿和爪钩，由此可见它们是肉食性动物。

徒步明城墙

“城门城门几丈高，三十六丈高；骑白马，带把刀……”历史老师说，巍峨高耸的明城墙，是世界上最长、规模最大、保存原真性最好的古代城垣，也是南京城的标志之一。

南京到底有多少座城门

明代的南京城，开了13座城门。其中，朝阳门（今中山门）、神策门（今和平门）、清凉门、石城门（今汉西门）、聚宝门（今中华门）直到今天还保存得很完整。

聚宝门瓮城是中国现存规模最大的瓮城，有“天下第一瓮城”的美称。为什么叫瓮城呢？这个我知道：在城墙上看瓮城，样子就像一个大肚子陶瓮。听爸爸说，里面可以驻扎守卫的士兵，也可以储藏粮食弹药一类的军需品。古人真的好厉害！几百年来，聚宝门城楼几次被损毁后又重建，直到1928年，才正式改名为中华门。

要走完整段城墙，需要很长时间，所以我们通常一次选择其中的一段来走。我最喜欢的是神策门—台城—太平门这一段，这应该是最广为人知的一条线路，也是明城墙保存最完好的一段。

明城墙和朱元璋的脸

上次我看了明城墙的地形图，发现它轮廓很不规则。听妈妈说城墙的轮廓和明朝开国皇帝朱元璋的脸形是一样的，当然啦，这只是一种大胆的猜测。实际上，如果我们到南京城走一走，就会发现，明城墙的轮廓其实与南京的地势高度吻合，利用了天然的山川形势，形成一道坚固的山水屏障，保护着南京城。

元宵节后，老南京人有“上城头”的习惯。这是一个古老的传统，已经有几百年历史了。从清代开始，每年正月十五一过，人们就纷纷登上城墙。古人认为爬城墙能祛百病，还能带来太平吉祥。这个传统一直流传下来，现在每年的元宵节后，我还跟着爷爷奶奶一起上城头呢。

东水关文坛佳话

东水关遗址是明城墙中唯一尚存的水关遗址，是一座 3 层拱券式水关，每层各 11 个券洞，共有 33 个。

“券”本义是指窗户、桥梁这些建筑弧形的部分，在古代，上面两层用来安置将士和储藏物资，最下面一层用来调节水位和防洪。东水关有 1000 多年的历史了，是十里秦淮的起点，也是南京明城墙唯一的船闸入口，因此被称为十里秦淮的“龙头”。

语文课上，老师曾给我们说过，1923 年 8 月，朱自清与俞平伯同游秦淮河，以“桨声灯影里的秦淮河”为题，各写了一篇散文，成就了现代文学史上的一段佳话。

台城，美丽的误会

“江雨霏霏江草齐，六朝如梦鸟空啼。无情最是台城柳，依旧烟笼十里堤。”五代前蜀诗人韦庄的这首《台城》，因为脍炙人口而流传下来。诗中的“台城”，指的是东晋至南朝时期皇宫所在的地方。有学者认为，玄武湖南侧的一段明城墙，就是在台城遗址上建起来的，于是这里就被大家称为“台城”。

民国时期，很多文学家来这里凭吊怀古，写下了关于台城的诗词美文。但实际上，21 世纪以来考古证明，这里其实并不是台城旧址，只是一段普通的明城墙。尽管是个误会，但南京人还是习惯性地把这里称作“台城”。

石头城

著名的石头城遗址公园就在清凉门—定淮门这段城墙间。城墙下有一块突出的椭圆形石壁，江水常年冲刷，让石壁变得坑坑洼洼、凹凸不平，就好像是奇特的“鬼脸”图样，是南京明城墙必看的景观之一。

“石头城”是古时南京的别称，东吴时期，石头城西临长江，是南北交通要道，也是东吴的军事要塞。城内有仓库，大家称为“石头仓”，用来贮藏兵器、粮食。孙权以石头城为根据地，与曹操争夺淮南。明朝初年，朱元璋以石头城为基础修筑了城墙。

诗情画意唤南京

历代的诗人和词人，为南京写下了无数“情诗”，其中很多我们都耳熟能详，一起来欣赏一下吧。

入朝曲

［南朝］谢朓（tiǎo）

江南佳丽地，金陵帝王州。
逶迤（wēi yí）带绿水，迢递起朱楼。
飞甍（méng）夹驰道，垂杨荫御沟。
凝笳翼高盖，叠鼓送华辀（zhōu）。
献纳云台表，功名良可收。

注：说起南京，人们常常想到两句古诗“江南佳丽地，金陵帝王州”，正是出自南朝诗人谢朓的这首《入朝曲》。

南京别称很多，有些是比较正式的名称，如金陵、扬州、丹阳、建邺、建康、江宁、上元等；还有一些来自文人笔下和百姓口头的习惯称呼，往往充满了诗情画意，比如越城、石头城、白门、帝里、江南佳丽地等。在今天南京的大街小巷，依然可以找到这些名称的痕迹。比如，南京下辖的建邺区和江宁区，名字都来自南京的古称。

水龙吟·登建康赏心亭

［宋］辛弃疾

楚天千里清秋，水随天去秋无际。遥岑远目，献愁供恨，玉簪螺髻。落日楼头，断鸿声里，江南游子。把吴钩看了，栏杆拍遍，无人会，登临意。

休说鲈鱼堪脍，尽西风，季鹰归未？求田问舍，怕应羞见，刘郎才气。可惜流年，忧愁风雨，树犹如此！倩何人唤取，红巾翠袖，揾(wèn)英雄泪？

注：辛弃疾在建康（今南京）登赏心亭远眺时，写下了这首千古佳作。赏心亭建在秦淮河通江的地方，既是观赏风光的好去处，又具有重要的军事意义。赏心亭后来在历代战火中被毁，今天的南京市秦淮区有重建的赏心亭。

江南春绝句

［唐］杜牧

千里莺啼绿映红，
水村山郭酒旗风。
南朝四百八十寺，
多少楼台烟雨中。

注：南朝时期，南京城佛寺很多。今天的南京还保存有南朝的古寺——位于玄武湖畔的鸡鸣寺。

乌衣巷

［唐］刘禹锡

朱雀桥边野草花，乌衣巷口夕阳斜。
旧时王谢堂前燕，飞入寻常百姓家。

注：“王谢”指东晋的王、谢两大家族，他们当时居住在人烟阜盛的秦淮河畔。今天的南京夫子庙附近，保留有地名“乌衣巷”。有趣的是，据说刘禹锡写《乌衣巷》的时候，还没有到过南京。那时候的南京，在诗人心目中，就是“诗和远方”。

临江仙·庭院深深深几许

［宋］李清照

庭院深深深几许？云窗雾阁常扃(jiōng)。柳梢梅萼渐分明。春归秣陵树，人老建康城。
感月吟风多少事，如今老去无成。谁怜憔悴更凋零。试灯无意思，踏雪没心情。

注：北宋末年，李清照跟随丈夫赵明诚南迁，曾在建康城（今南京）居住过一段时间。据考证，她的居所就在今天的朝天宫附近。

泊船瓜洲

［宋］王安石

京口瓜洲一水间，钟山只隔数重山。
春风又绿江南岸，明月何时照我还？

注：王安石笔下的钟山，今天也叫紫金山，位于南京城东。王安石辞官后曾在钟山南麓隐居，居所名为半山园。

登金陵凤凰台

［唐］李白

凤凰台上凤凰游，凤去台空江自流。
吴宫花草埋幽径，晋代衣冠成古丘。
三山半落青天外，二水中分白鹭洲。
总为浮云能蔽日，长安不见使人愁。

注：凤凰台大致位于今天的南京城西，传说有凤凰曾栖息在上面，因此而得名。白鹭洲是江中的一片小洲，具体位置今天很难考证。南京夫子庙建有白鹭洲公园，风景十分优美。

一首诗词一座城

题临安邸

［宋］林升

山外青山楼外楼，
西湖歌舞几时休？
暖风熏得游人醉，
直把杭州作汴州。

芙蓉楼送辛渐

［唐］王昌龄

寒雨连江夜入吴，
平明送客楚山孤。
洛阳亲友如相问，
一片冰心在玉壶。

赠别二首（其一）

［唐］杜牧

娉娉袅袅十三余，
豆蔻梢头二月初。
春风十里扬州路，
卷上珠帘总不如。

送元二使安西

［唐］王维

渭城朝雨浥轻尘，
客舍青青柳色新。
劝君更尽一杯酒，
西出阳关无故人。

注：
开封古称为汴州。
咸阳古称为渭城。
重庆古称为渝州。
枣庄古称为兰陵。
苏州古称为姑苏。
西安古称为长安。
古诗中，有时用秦淮代指南京。

泊秦淮

［唐］杜牧

烟笼寒水月笼沙，
夜泊秦淮近酒家。
商女不知亡国恨，
隔江犹唱后庭花。

峨眉山月歌

［唐］李白

峨眉山月半轮秋，
影入平羌江水流。
夜发清溪向三峡，
思君不见下渝州。

客中行

［唐］李白

兰陵美酒郁金香，
玉碗盛来琥珀光。
但使主人能醉客，
不知何处是他乡。

枫桥夜泊

［唐］张继

月落乌啼霜满天，
江枫渔火对愁眠。
姑苏城外寒山寺，
夜半钟声到客船。

不第后赋菊

［唐］黄巢

待到秋来九月八，
我花开后百花杀。
冲天香阵透长安，
满城尽带黄金甲。

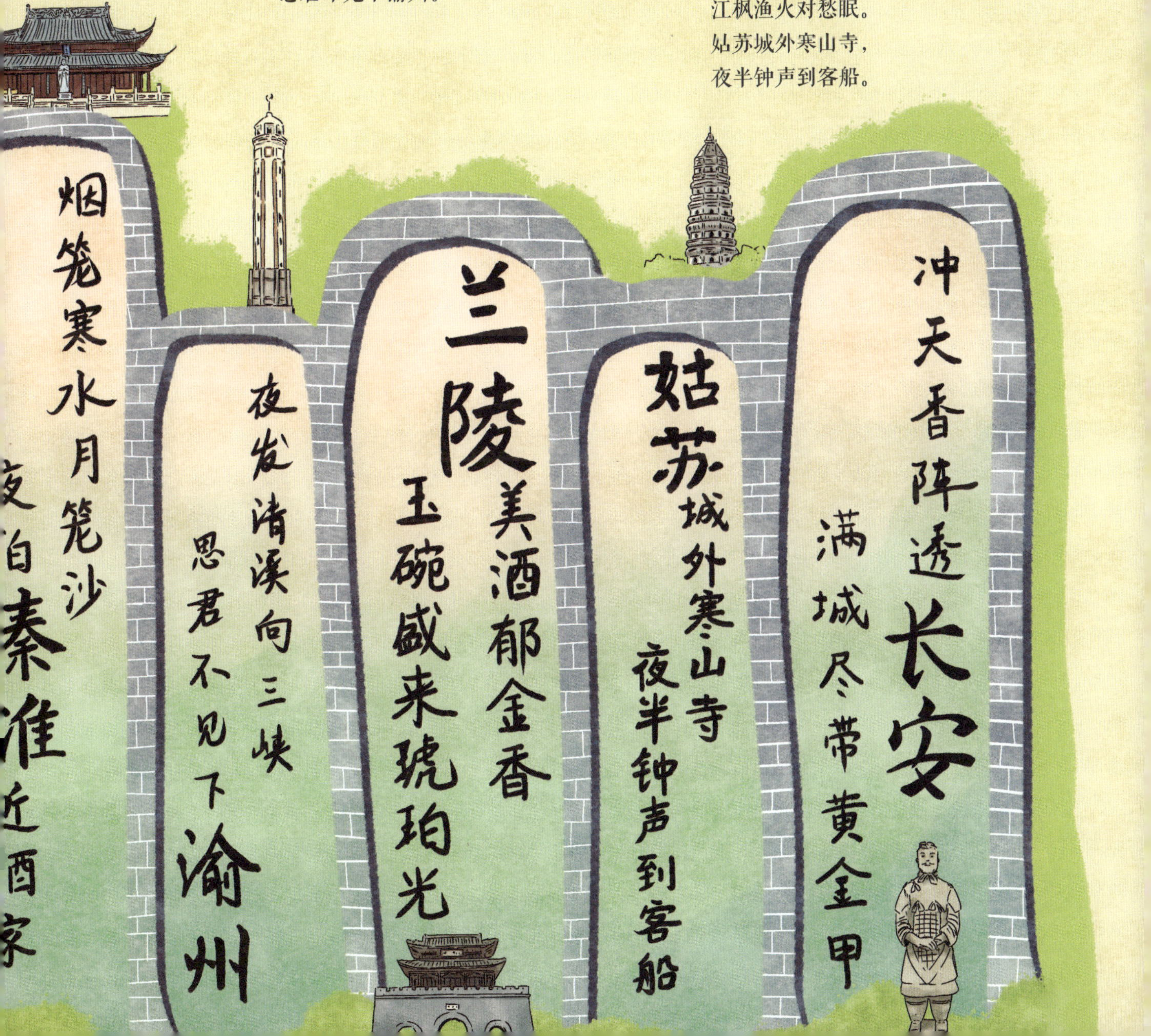

花儿的节日

南京的特色节日很多，最美的要数“花节”。春有百花夏有荷，深秋桂花满城香，寒冬蜡梅傲雪立，一年四季花常开。爱美的南京人，在不同的季节，为不同的花设立了节日。

梅花节

时间：2 月至 3 月　地点：梅花山

梅花节期间，梅花山上万棵梅树竞相开放，“红冬至”“淡妆宫粉”“扣子玉蝶”“玉蝶梅”“宫粉梅”“七星梅”……光听听这些梅花的名字，就已经沉醉其中。梅花节期间，还会推出许多庆祝活动，像梅花书画作品展、梅文化知识讲座等，不仅可以赏花，还能学到知识，真是收获满满呀！

海棠花会、荷花节

时间：3 月至 6 月　地点：莫愁湖

“莫愁湖边走，春光满枝头。花儿含羞笑，碧水也温柔。”这是歌曲里的莫愁湖。真实的莫愁湖，比歌里的还要美，尤其是海棠花开的季节。如果留心观察，一天内可以看到海棠由含苞到盛开，由深红色到淡淡的粉色的变化过程。海棠花会期间，公园里还会举办海棠诗画会、莫愁读书会等主题活动。

海棠花会结束，别急着走。5 月底 6 月初，莫愁湖的荷花羞答答地开了，一场盛大花事又来了。

海棠花和荷花拍出来都太美了，每年我和妈妈去赏花，我都要充当摄影师，给妈妈拍个不停。

樱花会

时间：3 月

地点：鸡鸣寺景区

每年 3 月，南京鸡鸣寺路上的樱花渐次开放，先是一枝一枝，然后是一株一株，最后所有的花都开了，汇成一片粉色的海洋，鸡鸣寺路也因此得名“樱花大道”。一阵风吹过，樱花雨洒下，真是落英缤纷，美极了。

栖霞山红枫艺术节

时间：10 月至 12 月　　地点：栖霞山

南京东北郊的栖霞山，是著名的赏枫胜地。每年 10 月下旬，随着秋意渐浓，栖霞山的枫叶也渐渐飘红，从零零星星的红，到大片大片的红，终于漫山红遍，给冬天一个热情的拥抱。

看到这漫山的红叶，感觉好像都没有那么冷了，连冬天都温暖了许多呢。

灵谷桂花节

时间：9 月至 10 月

地点：中山陵园

位于中山陵园风景区的灵谷桂园，是全国有名的桂花专类园。灵谷桂园种植了桂树近 2 万株，9 月下旬到国庆期间，大部分桂树将依次开花，整个城市都弥漫着桂花香，真是太香了！

桂树常见的品种有金桂、银桂、丹桂，通常在农历八月，也就是中秋节前后开放。金桂的花是金黄色的，银桂花的颜色偏白，丹桂花的颜色偏红。另外，还有四季桂是一年四季都开花的。

秦淮灯会

时间：春节至元宵节期间　　地点：夫子庙一带

“娃娃哎，出来玩灯哟！不要你的红，不要你的绿，只要你一根洋蜡烛！”这首童谣说的是南京花灯。春节观灯是南京的传统习俗之一，主打观灯的秦淮灯会又叫夫子庙灯会，古代就有了。如今，每年春节至元宵节期间，南京夫子庙地区都会举办大型灯彩展览会，是中国最著名的灯会活动之一。也有不少人会到花灯市场买花灯，把幸福吉祥“请”回家。

这不一样的“花”的节日，是南京的盛事，也是我最喜欢的“花节”。

古都南京的代言人

千百年来，南京这座历史大舞台上，帝王将相、才子佳人、平民百姓，各色人物共同出演了一幕幕精彩绝伦的大戏，留下了无数动人的故事。那些家喻户晓的大人物，就是古都南京的形象代言人。

东吴大帝孙权

公元229年，孙权定都建业，也就是今天的南京，开创了南京建都的历史。为了巩固城防，孙权在秦淮河入江口重筑了战国楚金陵邑，并将其改名为石头城，南京“石头城”的别名由此而来。孙权重视农业和经济的发展，为江南的繁荣富庶打下了良好的基础。他还多次派人出海，加强了东吴和夷洲（今中国台湾）的交往。相传孙权死后葬在南京东郊钟山南麓的高岗上，这个地方得名“孙陵岗”，又称“吴皇陵”。如今，这里建有东吴大帝孙权纪念馆，这座山又因梅树繁茂、花开繁盛而被称为梅花山。

祖冲之与圆周率

祖冲之是南朝优秀的数学家和天文学家，是世界上第一个把圆周率推算到小数点后7位的人，他编制的《大明历》是当时最精密的历法。祖冲之出生在南朝时期的建康城（今南京），从小就是个热爱理工科的“理工男”。为了纪念这位优秀的老乡，南京地铁4号线徐庄站的文化墙上雕刻了祖冲之的人物形象，他推算出的圆周率的数值也被刻在了文化墙上。有趣的是，也许是受了祖冲之的影响，今天的中国科学院紫金山天文台仍旧是全国最好的天文台之一。

王羲之与"入木三分"

王羲之是东晋书法家，有"书圣"的称号，代表作《兰亭序》被誉为"天下第一行书"。据说，有一次，东晋皇帝去都城（今南京）北郊祭祀，让王羲之把祭文写在木头上，再派人雕刻。雕刻者发现王羲之的墨迹竟然渗进木板深处，惊叹王羲之笔力雄劲，"入木三分"！"入木三分"后来演变为一个成语，比喻书法功力好或分析问题透彻。

吴敬梓带你"穿越"到清代

清代文豪吴敬梓的小说《儒林外史》，是中国第一部长篇讽刺小说，开创了以小说直接评价现实生活的范例。《儒林外史》中，南京是"出镜率"最高的城市。南京的山川形胜、人文风俗、茶肆酒楼，都被写进了书里。手捧一本《儒林外史》，就可以轻松"穿越"到清代。写《儒林外史》的时候，吴敬梓就生活在南京秦淮河、夫子庙一带。为了纪念他，如今在他的故居原址附近建有吴敬梓故居陈列馆。

上次爸爸带我去陈列馆，我看到里面有各种版本的《儒林外史》，那里真是了解吴敬梓先生一生的重要场所。

航海家郑和

宝船厂遗址公园位于南京市鼓楼区漓江路，公园的前身是明代的皇家造船基地。明成祖朱棣即位后不久，决定派人出使海外。为了造出高质量的海船，明政府从全国各地调集了官员、工匠数万人，专门在南京定淮门外兴建皇家造船基地，这就是宝船厂。当时的宝船厂占地1000多亩，能同时开工建造近百条大小船只。与此同时，明政府下令全国各地改造和建造海船。伟大的航海家郑和，当年正是乘坐这里制造的宝船，远航到非洲东岸，成就了航海史上的壮举。

你会说南京话吗

“几个江苏人聊天，你很快就会知道他们分别是哪个市、哪个县，甚至是哪个镇、哪个村的。”这个段子，其实说的就是江苏话的多样性。

正宗南京话——南京白局

由于南京处在南北交通的要道上，而且市内高校众多，汇聚了来自全国各地的人，所以如今南京人讲的话跟普通话越来越接近。如果想领略地道的南京话，可以去老城南的甘熙宅第，听老南京人说一回南京白局。南京白局是一种古老的说唱艺术，形成于清代中期，是南京唯一的古老曲种，表演内容涉及金陵美景、秦淮美食、历史传说、节庆民俗等南京人生活的方方面面。

兼收并蓄的南京话

江苏话大致可分为江淮官话、吴语、中原官话、胶辽官话四大类，每类下面又有细分。有时，即使是来自同一个市的江苏老乡，语言都可能不相通。南京主城区的人大都说江淮官话，这是一种兼具南北特色的语言——苏南人觉得南京话很“北”，苏北人则觉得南京话很“南”。在南京的高淳区和溧水区，有一部分居民说吴语，无论是词汇还是发音都和江淮官话区别很大。

“阿”——南京话的灵魂

外地人初听南京话，最大的感受可能是——南京人讲话怎么这么多“阿”？“阿吃过啦？”“阿要辣油啊？”“阿晓得了？”“阿去玩玩啊？”“盐水鸭阿要？”几乎每个问句里面都有“阿”字。这里的“阿”，是“还”的变音，意思相当于“是不是”。

跟我学几句地道的南京话吧！

南京话	普通话
干么四啊	干什么
磕膝头	膝盖
赫漆麻乌滴	黑乎乎的
么的	没有
恩正	正直、爽快、好
潘西	女孩

（本页方言多为音译，不以其文字为准）

用手机扫一扫，
听听他们在说什么吧！

（本页普通话翻译多为意译，非逐字逐句翻译）

梅梅：宁宁哥哥，周末你有什么计划？

宁宁：周六要上辅导班，周日还没想好。

梅梅：听说南京理工大学的二月兰开了，我们一起去看吧。

宁宁：二月兰有什么好看的？

梅梅：二月兰单看是不好看，但是连成一大片就好看了，像一片紫色的海洋。

宁宁：哈哈，你真会讲。

梅梅：你晓得吗？二月兰是有故事的，又叫紫金草，是和平的象征。

宁宁：哦？那你有时间好好跟我讲讲。

没有一只鸭子能完整地离开南京

据说，在南京最常碰到邻居的地方，除了电梯就是楼下的鸭子店。一家有口碑的鸭子店，是上好居民区的标配。

在南京人看来，“无鸭不成宴”。在宴席上，鸭头、鸭舌这样的小零碎，常常以卤菜、凉菜的形式出现：鸭头一切两半，整齐码放在盘子里，旁边配着一次性手套，有时候还有一小碟蘸酱；鸭舌是一根挨一根，层层叠放，两根长长的筋像龙虾钳子一样翘起来。第一次吃的人，往往不知道这是什么；但吃过一根后，就停不下来啦！周末的晚上，我一边看电视一边啃着鸭头，生活实在是太惬意啦！

南京烤鸭

南京烤鸭和北京烤鸭有很多不同之处。比如鸭子品种不同：北京烤鸭用的是北京特产的“北京填鸭”，南京烤鸭用的则是麻鸭。吃的方法也不同：吃北京烤鸭的时候，要用面皮卷上烤鸭片和京葱等配料，蘸甜面酱一起吃；南京烤鸭则是直接剁成块蘸卤汁吃。

烤鸭子的时候，在鸭腔里灌水一起入炉。鸭肉熟后，将鸭腔中的水倒出来，再加上各种作料继续用慢火熬制，就是卤汁。熬好的卤汁用碗盛起，油亮的鸭子切块装盘，现吃现蘸。

南京的烤鸭店几乎随处可见，但是我最爱的还是“徐家鸭子”。这家店已经有十几年历史了，虽然只是不起眼的街边店，但是每天下午都会排起大长队。如果妈妈下班给我买回来“徐家鸭子”的烤鸭，那我晚饭一定吃得香极了。

鸭血粉丝汤

鸭血粉丝汤是南京街头最常见的小吃之一。弹弹的粉丝、韧韧的鸭血、精致的豆腐果，再加上各种鸭杂——鸭肠卷卷、鸭肝糯糯、鸭肫劲道，还有几片鸭心，一碗鸭血粉丝汤的原料就齐备了。如果你来南京，我一定请你去吃上一碗我最爱的鸭血粉丝汤，路边随便一家小店，味道都好极了，一碗下去，暖心暖胃。

吃货的江湖里流传着一句话："没有一只鸭子能完整地离开南京。"南京人对鸭子"360度无死角"的爱，还体现在鸭油烧饼和烤鸭包上：烧饼酥脆喷香，分甜咸两种，各有千秋；烤鸭包油润可人，咬一口，汤汁仿佛在口腔里跳舞。再配上一碗清爽的鸭血粉丝汤，真是太满足了。

美人肝

美人肝的名字听上去很吓人，其实也是一道与鸭子有关的菜，最早诞生于民国时期的马祥兴菜馆。据说，有一天一位张姓名医在"马祥兴"请客，订了"八大八小"酒席。由于当日客人很多，备料不足，菜不够了，菜馆的名厨急中生智，用鸭的胰脏配鸡脯再加上鸭油爆炒了一道菜。上桌后的菜，色泽滋润，吃起来鲜嫩脆爽，客人赞不绝口，纷纷询问这道菜叫什么名字。大厨急中生智，说叫"美人肝"："美人"是形容菜的卖相好看，"肝"则是指切好后的鸭胰脏与鸭肝形状接近。由于原料鸭胰脏很难得，凑够一道菜至少需要三四十只鸭子才行，所以这道菜现在很少见了。

盐水鸭

盐水鸭是和烤鸭齐名的南京美食。张通之在《白门食谱》里有记载："金陵八月时期，盐水鸭最著名，人人以为肉内有桂花香也。"意思就是每到农历八月，桂花盛开，此时的盐水鸭也沾染了桂花的香味。盐水鸭因此也被称作"桂花鸭"。盐水鸭久负盛名，已经有千年历史了。好的盐水鸭咸淡适中，一点都没有鸭的膻味，一口咬下去，肉嫩多汁，肥而不腻。

各地火锅大不同

老北京火锅

老北京火锅用的是炭火，锅底就是清水加两三段葱白和几块姜片，最多再放几颗红枣和枸杞，可以说得上是最原汁原味的锅底了。蘸料以芝麻酱为主，配上韭菜花和腐乳，就能凸显羊肉本身的鲜香。

重庆火锅

重庆火锅的底料是牛油中放姜片、花椒等调料。菜品大多是荤菜，比如毛肚、鸭肠、鹅肠、血豆腐、猪脑花、酥肉等，蔬菜比较少。吃重庆火锅，蘸料一般就是香油和蒜泥，没有太多的调料。

重庆九宫格火锅，不同格子有不同的温度，根据食材分类下锅，能品尝到最佳口感。

云南菌菇火锅

煮一锅土鸡汤或是筒子骨熬成的高汤做汤底，再加入青头菌、牛肝菌、松茸、羊肚菌等各种菌菇，就是鲜香的菌菇火锅了。

云南人独家研制的火锅蘸料——菌碟，是将干菌发开、炒干后加入小米辣制成的，既不会夺走菌菇原本的香味，还能增添一些独特风味。

顺德粥底火锅

经过熬煮，米粒都化成了米汤，既保留了米的营养价值，又能激发出食材的鲜味。涮菜时最好先涮海鲜类，再涮肉类，最后涮蔬菜，让美味层层铺开。蘸料也是特制的：在煎得金黄的鱼骨中，加入香菜、绍兴黄酒等调料熬煮，最后去除渣滓。

打边炉

打边炉是广东的传统火锅，以高汤为底，注重汤底的鲜香，主要涮生鱼片、鱿鱼片、生虾片等。蘸料以沙茶酱为主。沙茶酱是用大蒜、洋葱、花生米、虾米等磨碎制成的，香而不辣，还有一丝丝的甜味。

潮汕牛肉火锅

如果说老北京火锅是羊肉火锅的代表，那么牛肉火锅的代表就一定是潮汕火锅了。

潮汕火锅汤底一般是用小火慢熬而成的牛骨汤，只加了一些姜和盐，最能突出食材本身的鲜味。历经无数刀拍和反复摔打而成的牛肉丸，在沙茶酱里面一蘸，口感太好啦！

火锅已经成为我们中国饮食文化的一种印记，集中体现了中国人对热闹和团圆的向往。就和中国有不同菜系一样，不同地方的火锅也各不相同，你最爱哪一种呢？

贵州酸汤火锅

红红的火锅除了川渝火锅，还有一种——贵州酸汤火锅。贵州酸汤火锅大都以酸汤鱼或酸汤肥牛为底，先盛上一碗浓汤带着肉一起吃，再涮上喜欢的蔬菜，美味又营养。

蘸料一般用腐乳、香菜、辣椒等调成，当地人称为“蘸水”。

东北酸菜白肉火锅

上好的骨头汤做锅底，把酸白菜切成丝放进锅里煮，再将五花肉切成薄片下锅涮着吃，有酸菜中和，肥而不腻。

吃的时候，配上用香菜末、腐乳、芝麻酱、蒜蓉、韭菜花、酱油、米醋等调制成的蘸料，更能突出食物的鲜美。

来我家做客吧

南京人的餐桌上，离不开鸭。此外，各类食材，不同人家有各自的偏好。总体的味道，以咸为主，甜、辣为辅，讲究辣而不烈、浓而香醇、肥而不腻。

客人进门，先敬一杯茶。南京特产的茶叶是雨花茶，老南京人叫“炒青”。雨花茶新茶每年清明前后上市，叶片细嫩，香气清雅。上好的雨花茶冲上开水，水面立刻会浮起白毫。喝上一杯，沁人肺腑。

梅梅家的菜单：

4个凉菜： 海蜇萝卜丝、素什锦、盐水鸭、熏鱼

6个热菜： 冰糖猪肘、清蒸白鱼、葱油虾、炖生敲、芦蒿炒干子（豆干）、全家福（清炒白果、荷兰豆、藕等）

1个汤： 菊花脑蛋汤

1个甜点： 八宝饭

主食： 米饭

炖生敲

炖生敲是南京名菜，主要食材是黄鳝，因为做法特别而闻名。我见过妈妈在家做这道菜，可复杂了：先将大黄鳝杀好、洗净；然后放在砧板上摊平，用木棒敲打，要把肉敲松敲散；再用放了酒、盐、糖、葱、姜、蒜等调好的卤汁腌制鳝鱼，等鳝鱼吸饱汤汁后，切成段放入油锅炸成金黄色捞出；再和葱、姜、料酒以及咸肉片一起爆炒3分钟；最后加入肉汤和肉皮、肉片、笋片等，用文火炖得软烂。

妈妈说，炖生敲的秘诀之一在于敲，敲得好，肉质又弹又嫩。炖工也是精髓，“火过一分肉老，少一分汤寡”。

“年年有鱼”的年夜饭

按照南京人的传统，除夕晚上的年饭，“元宝鱼”必不可少。“元宝鱼”通常用鲢鱼来烧，而且只上桌，不能吃，象征年年有余。如今，不是家家都做“元宝鱼”，但春节期间的饭桌上，鱼还是不能少的。可以做鲢鱼炖豆腐，出锅时留一些鱼汤，鱼肉和豆腐吃起来汤汁爆满，鲜美无比。

一家之长的祝酒词

有亲戚朋友来家里做客，正式开席前，一家之长都要说一段欢迎词，也就是祝酒词。上一次，爸爸去非洲出差3个月，回来后我们在爷爷家聚餐，就是爷爷说祝酒词。如果客人来我和爸妈的小家做客，当然是爸爸说祝酒词。爸爸说祝酒词不像爷爷那么讲究，他会说：“欢迎来我家做客，大家开吃吧。”祝酒词虽然说得简单，但是酒席准备起来可不简单呢，至少要提前一天准备食材，还要根据客人的年龄和喜好准备酒水饮料。请客当天，爸爸妈妈烹炸炒炖，没有大半天是绝对搞不定的。

吃饭的禁忌

就餐时，不能用筷子敲打碟碗，或把筷子担在碗上，过去人们认为这样会得罪灶王爷。如果是6个人一起吃饭，不能单或双相对，就是方桌四边不能一组对边各放两把椅子，而另外一组对边各置一把椅子——这叫“乌龟席”，是不礼貌的。

芦蒿，也叫蒌蒿，下半部分是根茎，上半部分长有叶片。芦蒿味道清香，可以凉拌，也可以炒着吃，营养丰富。中医认为它有止血、消炎等功效。南京市栖霞区八卦洲有“中国芦蒿之乡”的称号。

南京人爱吃“草”

南京地处水网与丘陵交叉地带，野菜品种繁多，历来就有“南京人爱吃草”的说法。荠菜、芦蒿、枸杞头、马兰头、苜蓿头、菊花脑、马齿苋、鹅儿肠等，都是南京人的心头爱。凉拌苦菊、清炒马兰头、菊花脑蛋汤、荠菜春卷、香椿头涨蛋，还有最具南京特色的清炒芦蒿或芦蒿炒干子，其特殊的香味总能沁人心脾。

梅梅和宁宁的菜谱

这是两道地道的南京菜，跟我学会了，在家也能尝到南京味道哟！

盐水鸭

主料：鸭子2只（约5斤）

辅料：八角、肉豆蔻、草果、丁香、小茴香、花椒、黑胡椒、生姜、大葱、洋葱、蒜、食用油、猪油、青盐、料酒

操作步骤：

1. 把八角等香辛料和葱、姜、蒜等洗净，浸泡30分钟，去除杂质，沥干备用。
2. 鸭子去除内脏后洗净，沥干备用。
3. 鸭子冷水入锅，焯水去腥、去血沫，捞起沥干。
4. 锅中放入食用油和猪油，烧到三成热，放入步骤1中的材料和生姜片、葱段、洋葱块，加青盐小火炒香。
5. 取部分炒制好的料，加料酒，均匀地搓在鸭肉上，腌制至少4小时。
6. 将剩下的料放入纱布袋中，放入汤锅加水小火煮90分钟，制成卤水。
7. 把腌制好的鸭子放到卤水中卤制，直到鸭肉熟透，然后浸泡30分钟，捞起沥干。
8. 将卤好的鸭子切块装盘。

妈妈说她做这道菜的小秘诀，就是炒料时放一点猪油，这样炒出来的料会更香。

素什锦

主料： 芹菜、荠菜、黄豆芽、黄花菜、香菇、豆腐皮、胡萝卜、菠菜、马蹄、鲜笋、黑木耳、鲜藕

辅料： 白糖、酱油、盐、麻油、食用油、芝麻

操作步骤：

1. 黄花菜用开水浸泡，洗干净后切段；笋、香菇和马蹄切成小块；豆腐皮用水泡软后切成三角块；胡萝卜切成细条；藕切成薄片。
2. 锅中倒入食用油；等油烧热，加入除绿叶蔬菜外的其他食材，淋上适量水，不停地翻炒；再加入酱油、白糖、盐，炒上色后盛出来。
3. 绿叶蔬菜单独焯水，焯水时加入少许盐和食用油。捞出后立即过冷开水，这样能保证营养流失少，也不会变色。
4. 等处理好的各种食材凉透，放在一起；再加入白糖、盐、酱油，淋上麻油，然后搅拌均匀；最后撒上少许芝麻，一道素什锦就做好啦！

素什锦一般用10种以上的素菜做成，讲究一些的有十五六种。菜名本身就有“十全十美”“团圆和美”的意思，里面的每一种食材，又有着各自独特的内涵。比如，芹菜谐音“勤快”，有勤劳致富的意思；荠菜谐音“聚财”；黄豆芽形似如意，寓意事事如意；豆腐皮又叫千张，取“千秋百代”的美意。一道素什锦，不仅色香味俱全，也讨了个好彩头，深得南京人喜爱。

1

2

5

6

10
江南貢院

11

3
中山与南京临时政

4

8

7

9

12

13
1937.12.13
-1938.1
遇难者 300000

1

玄武湖

位于玄武区，是中国仅存的江南皇家园林。玄武湖古名桑泊、后湖、北湖等，六朝时期成为皇家园林。清末时辟建丰润门（今玄武门），这才有了可供游人游赏的玄武湖公园。湖上有5座小岛——环洲、樱洲、菱洲、梁洲、翠洲，洲洲堤桥相通，浑然一体。

2

鸡鸣寺

位于玄武区鸡笼山东麓，始建于西晋，至今已有1700多年历史，是南京最古老的梵刹和皇家寺庙之一，有“南朝四百八十寺”之首的美誉。鸡鸣寺内有豁蒙楼，在楼上可以远观明城墙。寺内的素斋十分有名。

5

清凉山

位于鼓楼区清凉门内，古名石头山、石首山、石头城。相传诸葛亮曾称金陵形势为“钟阜龙蟠，石头虎踞”，“石头虎踞”就是指清凉山像老虎一样雄踞。战国时，楚威王在这里置金陵邑；三国时，东吴孙权改筑石头城；南唐时，这里是皇家寺院所在地，后主李煜曾多次留宿在这里。

6

颐和路公馆区

位于鼓楼区，是南京民国建筑特色景点之一，被誉为“民国建筑博物馆”。民国时期，这里是政府军政机关要员、富豪和外国人居住的花园式公馆区。区域内现存有民国时期蒋纬国、马歇尔、陈诚等名人的公馆，还有加拿大、墨西哥、巴西、巴基斯坦等国的驻华大使馆旧址。

10

江南贡院

位于秦淮区夫子庙景区内，是中国历史上规模最大的科举考场。明清两代名人唐伯虎、郑板桥、吴敬梓、施耐庵、张謇、陈独秀等都曾是这里的考生。如今，这里保留有明远楼、至公堂、号舍等。在江南贡院基础上建设的中国科举博物馆，是中国唯一以科举制度为展示内容的专业博物馆。

11

老门东

位于秦淮区，因地处中华门以东，故称“门东”。这里自古就是商贾云集、世家大族居住之地，清末以后，这里逐渐成为以居住为主的区域，集中体现了南京老城南传统民居的风貌。在老门东历史文化街区，可以看到布画、竹刻、剪纸一类的民俗工艺，也能吃到多种南京传统美食。

3

总统府

位于长江路 292 号。清朝时这里是江南总督署、两江总督署，林则徐、李鸿章、左宗棠、张之洞、端方等清朝重臣都在这里就任过两江总督。1912 年 1 月 1 日，孙中山在这里就任中华民国临时大总统。抗战胜利后，这里仍是国民政府和总统府的办公地。如今这里是南京中国近代史遗址博物馆。

4

鼓楼

位于市中心的鼓楼岗上。始建于明朝洪武年间，是旧时南京城的报时中心，催促文武百官勤于政务，提醒百姓勤于劳作；也是与京师迎王、接诏书、选妃等重大庆典有关的重要建筑。它是明朝京师的重要建筑和象征，也是中国古代官式砖构建筑的代表。

7

明孝陵

位于钟山南麓独龙阜玩珠峰下，是明太祖朱元璋与其皇后的合葬陵墓。明孝陵代表了明初建筑和石刻艺术的最高成就，直接影响明清两代 500 余年 20 多座帝王陵寝的形制，在中国帝陵发展史上有着特殊的地位，有“明清皇家第一陵”的美誉。

8

中山陵

位于钟山南麓钟山风景区内，是孙中山先生的陵寝。整个建筑群依山势而建，由南往北沿中轴线逐渐升高，主要建筑有博爱坊、墓道、陵门、石阶、碑亭、祭堂和墓室等。从空中往下看，它就像一座平卧在绿绒毯上的“自由钟”。

9

灵谷寺

位于钟山东南麓。始建于南朝梁天监年间，是梁武帝为纪念著名僧人宝志禅师而建的，初名开善寺。明朝时朱元璋亲自赐名“灵谷禅寺”，并封其为“天下第一禅林”。寺内有放生池、金刚殿、天王殿、五方殿、观音阁等，寺后有灵谷塔。

12

大报恩寺遗址公园

位于中华门外，原建于明初，是明成祖朱棣为报父母之恩所建，后地面塔身毁于战火。遗址公园中的琉璃宝塔是后来复建的。遗址公园中保护性地展示了大报恩寺遗址中的千年地宫和珍贵画廊，以及地宫中出土的石函、铁函、七宝阿育王塔等。

13

侵华日军南京大屠杀遇难同胞纪念馆

位于建邺区，是侵华日军南京大屠杀专史陈列馆及南京大屠杀死难者国家公祭仪式的固定举办地。纪念馆在当初设计时，融入了祭奠和重生的理念：纪念馆的纪念墙后面，是一片由粗糙鹅卵石和黄沙构成的广场；广场周遭是茂盛的青草，象征着生命不息，也象征着城市的涅槃重生。

附录

图片版权说明

全书图片的版权说明如下：

· P35 图片 3 和图片 13，芦岩提供；

· P8 上(我是长笛手)、右下(有意义的“雏鹰假日小队”活动)，P9 右上(采一捧茶叶送给爸妈)，白雁提供；

· P9 左下、右下（当一回田园小农夫），甘雷提供；

· 其他图片来自“图虫创意”图库网站（上海图虫网络科技有限公司）。

加入阳光秀美童书书友会

扫一扫，加入阳光秀美童书书友会

只要完成以下两步，就能第一时间获得最新书讯和活动消息！

1. 扫二维码，关注阳光秀美童书馆公众号；

2. 成功关注后，发送您的微信号，就能敲开童书馆的大门！

更多亲子课堂、好书分享等你来哟！

“去旅行”系列大家庭

“去旅行”系列由中法合作，以不同国家和城市的日常生活为切入点，介绍英国、德国、日本、印度、葡萄牙等 6 个国家，及北京、广州、贵阳、重庆等国内 9 个城市，内容涵盖文化、生活、教育等方方面面。最新版本加入 6 个新的特色城市，并采用新的形式、新的包装，是一套绝佳的综合性儿童知识百科书。

人文知识 | 语文诗词 | 历史典故 | 地理常识

英国
美国
德国
意大利
西班牙
日本

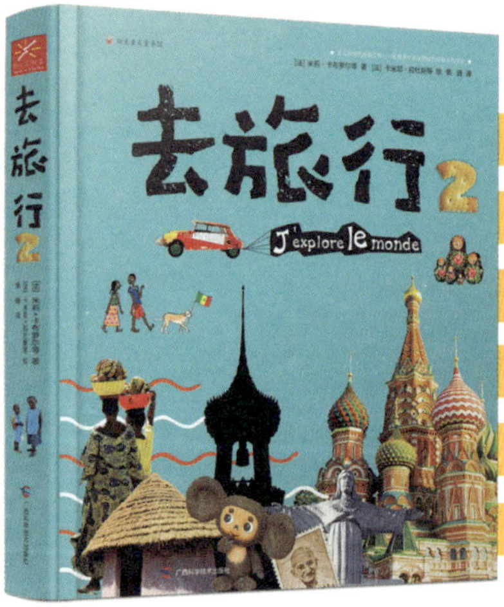

俄罗斯
印度
挪威
葡萄牙
摩洛哥
塞内加尔

贵阳
重庆
苏州

北京
杭州
哈尔滨
广州
成都
西安

建筑奇迹 | 风土人情 | 饮食文化 | 方言精髓

跟我
游武汉

赵典典 著
王梦珊
彭程远 绘

去旅行（中国版2）

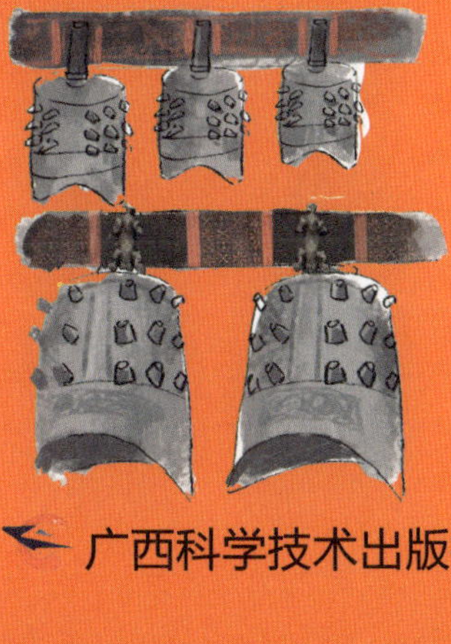

广西科学技术出版社

图书在版编目（CIP）数据

跟我游武汉 / 赵典典著；王梦珊，彭程远绘. —南宁：广西科学技术出版社，2021.10
（去旅行：中国版. 2）
ISBN 978-7-5551-1615-8

Ⅰ. ①跟… Ⅱ. ①赵… ②王… ③彭… Ⅲ. ①武汉—概况—儿童读物 Ⅳ. ①K926.31-49

中国版本图书馆CIP数据核字（2021）第179656号

GEN WO YOU WUHAN

跟我游武汉

赵典典 著　王梦珊 彭程远 绘

策划编辑：蒋 伟 王滟明
责任编辑：付迎亚 聂 青
责任审读：张桂宜
责任校对：张思雯
书籍装帧：于 是
内文排版：孙晓波
责任印制：高定军
视频制作：尹霄霄
营销编辑：芦 岩 曹红宝

出 版 人：卢培钊
出版发行：广西科学技术出版社
社　　址：广西南宁市东葛路66号
邮政编码：530023
电　　话：010-58263266-804（北京）　0771-5845660（南宁）
传　　真：0771-5878485（南宁）
经　　销：全国各地新华书店
印　　刷：雅迪云印（天津）科技有限公司
邮政编码：301500
地　　址：天津市宁河区现代产业区健捷路5号
开　　本：850mm × 1000mm 1/16
印　　张：2.5
字　　数：50千字
版　　次：2021年10月第1版
印　　次：2021年10月第1次印刷
书　　号：ISBN 978-7-5551-1615-8
定　　价：108.00元（全6册）

目录
CONTENTS

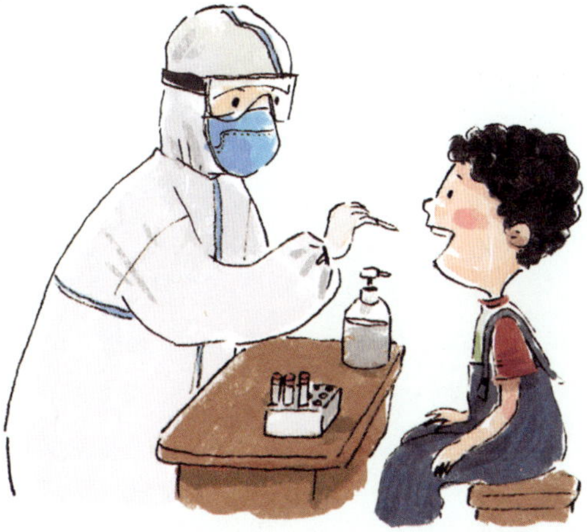

欢迎来到武汉

江城武汉，是中国重要的商贸口岸，更是工业与科教并举之地，南来和北往的交通枢纽，火炉般热辣的大都市。热得酣畅，吃得爽快，快跟我一起走进号称“每天不一样”的武汉看一看吧！

大家好，我是科学迷扬扬

我是扬扬，今年9岁，上小学三年级啦。在学校，我最喜欢上科学课，各种物理原理、机械操作、电子技术是我最爱跟爸爸妈妈讨论交流的内容，我自己设计的机器人拿了好几次学校比赛的一等奖呢。当然，我也是一个十足的吃货，欢迎你们来武汉跟我一起吃、吃、吃。

大家好，我是音乐小达人和和

我叫和和，刚上小学六年级。我ʼ武汉人文爱乐合唱团的童声部成员。ʼ们合唱团经常参加比赛和演出，我还ʼ团参加过北京国际合唱节。我们演唱ʼ《田野的召唤》《乘着歌声的翅膀》ʼ曲目，受到了观众的热烈欢迎呢。20ʼ年我就要上中学啦，希望我的音乐梦ʼ能一直伴随我快乐成长。

大江大湖大武汉

长江自西边滚滚东下，在南岸嘴与汉水交汇，清澈碧绿的汉水在这里融入长江，把武汉天然地划分为武昌、汉口、汉阳三镇。武汉这座天然与水紧密联系的城市，除了有江有河，还有数百个大大小小的湖泊星罗棋布，号称“百湖之城”。坐飞机时，往下看去，城市中像有好多的小镜子闪闪发光，可漂亮啦。其中有亚洲最大的城中湖——汤逊湖，有毛主席多次视察过的度假胜地——东湖。武汉的城市中心就在这些湖泊中间，是一座典型的山水园林城市。

中文名： 武汉
外文名： Wuhan
别名： 江城、九省通衢、东方芝加哥
行政区类别： 省会
所属地区： 中国华中地区
下辖地区： 13个市辖区
地理位置： 江汉平原东部，长江、汉江交汇处
面积： 8569.15平方千米
著名景点： 东湖、黄鹤楼、木兰天池、归元寺、古琴台、昙华林、汉口江滩、湖北省博物馆等

注：本章的城市基本情况
各种信息均以2021年9月前信息为准

名不虚传的火炉城市

武汉是中国著名的“四大火炉”之一，所谓火炉，就是夏天超级、超级热的意思！武汉在长江的河谷里，地势低凹，热气容易聚集；而夏季风力又小，白天积攒的热气夜间很难消散；再加上城市布满河流和湖泊，到夏天，江河湖泊里的水被太阳一晒，大量蒸发到空气中，空气湿度常常高达99%！高温度配上高湿度，就像在蒸笼里一样，真是典型得不能再典型的“桑拿天”啊，热得人都不敢出空调房呢！

两江交汇，三镇同辉

武汉是楚文化的重要发祥地，九省通衢，交通便利，景色宜人。这里曾涌现过无数豪杰英烈，也拥有新时代的英雄楷模。快来跟我一起走进这座生命力如同江河般流淌不息的城市吧。

历史大事记

考古发现的距今约3500年的商代盘龙城遗址，被认为是“武汉城市之根”。

223年，东吴孙权在今武汉蛇山筑“夏口城”。

1281年，武昌成为元朝湖广行省的省治，武汉成为中南地区中心。

1861年，汉口正式开埠，成为通商口岸。

1911年，辛亥革命于武昌爆发，推翻了统治中国几千年的君主专制制度，武汉成为革命中心。

1949年，武汉三镇解放，同年合三镇为武汉市。

黄鹤楼

黄鹤楼位于武昌长江边的蛇山上，与滕王阁、岳阳楼并列为江南三大名楼。它始建于三国时代，当时是用来瞭望守戍的“军事楼”；到唐代时，它失去了军事价值，逐步演变成观赏楼。

历代文人墨客在这里留下许多千古名篇，其中最有名的要数崔颢的《黄鹤楼》了。除了崔颢，李白跟黄鹤楼也有很深的缘分。李白在这里留下了十几首诗歌，其中《黄鹤楼送孟浩然之广陵》《望黄鹤楼》等都是被传诵不休的千古名篇呢。

汉口——楚中第一繁盛处

自明朝以来，汉口因其方便的水运线路和地理位置，一直都非常繁华。它是明朝重要的商品转运基地，是清朝全国四大名镇之一，京汉铁路的终点站也设置在汉口。现在的汉口高楼林立，商业、金融区都在这里。武汉人民周末都喜欢来汉口“逛吃逛吃”，享受都市的繁华与烟火的气息。

三镇的由来

长江和汉江交汇，将武汉划分成3个城镇：长江以南叫武昌，长江以北则被汉江再分成汉口和汉阳。

武昌——政治与文化的中心

武汉拥有近百所高校，在校学生超百万人！这些高校大部分坐落在武昌。武昌还是湖北省政府所在地，新中国成立后毛主席来武汉将近50次，都是住在武昌。

当年的辛亥革命第一枪，也是在武昌长江边上打响的。在武昌的中华路，老师带我们参观了著名的红巷。中共五大会址纪念馆、毛泽东旧居，都是武汉这座英雄城市的见证啊！

汉阳——见证中国工业的崛起

古琴台觅知音，归元寺数罗汉，晴川阁听大禹治水的传说，都是汉阳早期的历史名片。真正让汉阳声名远播的，是民国时期“汉厂造”的钢铁、兵工、纺织品、纸等产品。汉阳铁厂当时被西方视为“中国觉醒”的标志，也是武汉兴盛和中国工业崛起的象征。现在的汉阳是武汉的汽车制造基地，好多外国人都随着工厂而来，生活在汉阳区呢。

我们武汉自古就是梅花的故乡。武汉的梅园在规模和研究上都在全国名列前茅。直到现在，武昌洪山一带还有“瓶插梅花迎新春”的民间习俗呢。在清冷的初春时节，梅花傲然绽放于枝头，与武汉这座城市不畏艰辛、敢为人先的精神内核完美呼应。

名胜古迹里的对联

就像甲秀楼一样，中国古代亭台楼榭、殿阁寺庙往往镌刻或悬挂有对联。这些对联有的描绘山河，有的点评历史，有的抒发情感，大大丰富了建筑和风景的内涵。

岳阳楼长联

一楼何奇？杜少陵五言绝唱，范希文两字关情
滕子京百废俱兴，吕纯阳三过必醉。诗耶？儒耶
吏耶？仙耶？前不见古人，使我怆然涕下
诸君试看，洞庭湖南极潇湘，扬子江北通巫峡
巴陵山西来爽气，岳州城东道岩疆。潴者，流者
峙者，镇者，此中有真意，问谁领会得来

岳阳楼位于洞庭湖畔，北宋范仲淹的《岳阳楼记》使它千古留名。这副长联是晚清著名文学家窦垿（xù）所写，他巧妙化用《岳阳楼记》以及陈子昂、陶渊明的诗句，表达了与名人前贤一样忧国忧民、心怀天下的深切情感。

东林书院联

风声雨声读书声声声入耳
家事国事天下事事事关心

这副对联挂在无锡东林书院中，由明朝学者顾宪成撰写。对联连用叠字，犹如书声琅琅，刻苦学习、立志报效祖国的学子形象仿佛出现在我们眼前。

武侯祠攻心联

能攻心则反侧自消，
从古知兵非好战
不审势即宽严皆误，
后来治蜀要深思

这副对联挂在成都武侯祠诸葛亮殿堂前，上联指诸葛亮通过攻心策略而不是武力使得南方臣服；下联说如果不审察时势，一味宽大或者一味使用严刑峻法，都会带来严重后果。

黄鹤楼联

一枝（支）笔挺起江汉间，到最上头放开肚皮，直吞得八百里洞庭，九十里云梦
千年事幻在沧桑里，是真才人自有眼界，哪管它去早了黄鹤，来迟了青莲

黄鹤楼因崔颢的名句“昔人已乘黄鹤去，此地空余黄鹤楼”而名声大噪，据说后来李白登楼都只能感叹“眼前有景道不得，崔颢题诗在上头”。这副对联上联用“笔”比喻黄鹤楼，下联又提到崔颢和李白的文字因缘，十分巧妙。

山海关孟姜女庙联

海水朝朝朝朝朝朝朝落
浮云长长长长长长长消

这副奇联巧妙地利用了古文的一字多音、一字多义。上联中的“朝”字，可读“zhāo”，意为早晨；也可读“cháo”，通“潮”，指海水涨落。下联中的“长”字，可读“cháng”，意思是经常；也可读“zhǎng”，指浮云消长。所以这副对联可以读成：海水潮，朝朝潮，朝潮朝落；浮云长，常常长，常长常消。

大观楼长联

五百里滇池，奔来眼底，披襟岸帻，喜茫茫空阔无边。看：东骧神骏，西翥（zhù）灵仪，北走蜿蜒，南翔缟素。高人韵士何妨选胜登临。趁蟹屿螺洲，梳裹就风鬟雾鬓；更苹天苇地，点缀些翠羽丹霞。莫孤（辜）负：四围香稻，万顷晴沙，九夏芙蓉，三春杨柳

数千年往事，注到心头，把酒凌虚，叹滚滚英雄谁在？想：汉习楼船，唐标铁柱，宋挥玉斧，元跨革囊。伟烈丰功费尽移山心力。尽珠帘画栋，卷不及暮雨朝云；便断碣残碑，都付与苍烟落照。只赢得：几杵疏钟，半江渔火，两行秋雁，一枕清霜

大观楼位于云南昆明，这副长联由清朝的孙髯翁撰写。长联写出了纵横万里、上下千年的宏阔意境，使原本普通的大观楼因此闻名天下。

连接三镇的桥梁

赤橙黄白蓝灰，缤纷的色彩，彩虹的形态。在武汉这座多水的城市，桥梁就像美丽的音符，点缀在水面和岸边的楼宇间。

梁桥是以梁为主要承重构件的桥，是我国最早出现的桥型，在商代的时候就已经有了。独木桥就是最原始的梁桥，后来不断演进，用石头、混凝土等为材料代替了木头。武汉长江大桥就是梁桥。

武汉长江大桥——万里长江第一桥

1957 年，由苏联与中国联合建造的第一座横跨长江的大桥在武汉建成，结束了只能靠船舶摆渡过江的历史。千万年来“烟雨苍茫茫，龟蛇锁大江”的隔阂，由此改写为“一桥飞架南北，天堑变通途”了。大桥一端是黄鹤楼，另一端是龟山电视塔。

天兴洲长江大桥、杨泗港长江大桥——长江上的世界纪录创造者

天兴洲长江大桥，是世界上最大的公路铁路两用桥，上层是高速公路，下层是铁路，在当今世界同类型大桥中拥有跨度、荷载、速度、宽度 4 项第一。

2019 年建成的杨泗港长江大桥，桥长 4134 米，主跨度有 1700 米，在悬索桥中排名世界第二，仅次于日本明石海峡大桥。它还是世界上通行能力最强的公路桥梁，荷载强度也是世界同类第一哟！

鹦鹉洲长江大桥——武汉最美长江桥

3 座红色 H 形桥塔纵向拉起整座桥身，橘红色的大桥在蓝天的映衬下分外显眼。2018 年，凭借美貌与实力，鹦鹉洲大桥还成为长江经济带的代表，被印到了美丽的邮票上呢。

索桥的秘密

最早的索桥，有用竹子编制的，也有用藤条编织的，走在上面颤颤巍巍，非常不安全。我们现在见到的大型桥梁，一般都是用钢索建造的,比古时候可结实多了。

现在的索桥由索塔、主梁、拉索组成。按照拉索的方式，常见的有斜拉索和悬索。斜拉索就是钢索以一定的角度拉住大桥和索塔，比如武汉长江二桥，远看像两片三角形的风帆。悬索就是钢索以垂直于桥面的角度拉住大桥和主梁，比如鹦鹉洲长江大桥。

汉水上的浪漫霓虹

比起长江的波澜壮阔，汉江更加温柔。汉江上有汉水桥、知音桥、月湖桥、晴川桥……名字充满诗意，造型更是浪漫多彩呢。

晴川桥，武汉市建造的第四座城区汉江公路桥。火红灿烂的晴川桥，像一道霓虹横卧水上，被武汉人叫作“彩虹桥”。

长丰桥，武汉城区汉江上的第五座公路桥，整体外形像飞雁一样，造型十分独特。

江汉桥，于1956年建成，北连汉口汉正街，南接汉阳古琴台，是汉江上的第一座大型桥梁。

知音桥，跨汉水的第二座城市公路桥梁，有效地分流了江汉桥的车辆。

月湖桥，武汉市建造的第三座汉江公路桥，又称江汉三桥。

古田桥，汉江上的第六座公路桥，采用蓝色的凯旋门式造型，在拱门顶部中央镶嵌着一朵镂空的武汉市花——梅花，被誉为“汉江最美大桥”。

新冠肺炎疫情下的武汉

新冠肺炎是什么？

新冠肺炎是由新型冠状病毒所引起的肺部疾病。冠状病毒由于长得像一个戴着王冠的圆球而得名。病毒进入人体后，会攻击人的肺部，让人产生高烧、咳嗽、呼吸困难等生理反应。

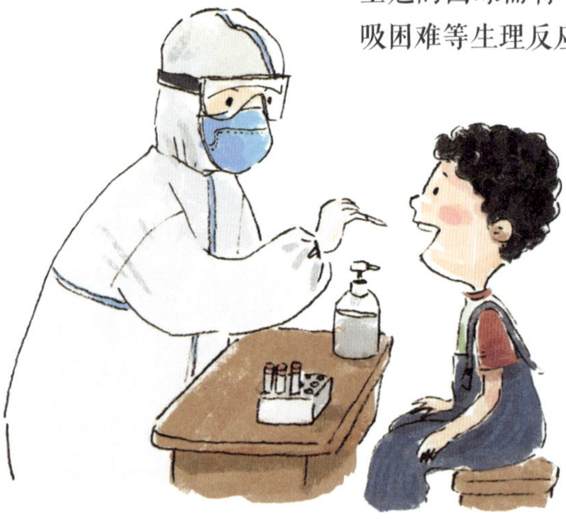

雷神山与火神山的奇迹

为了解决感染者得不到及时救治的难题，武汉划拨了几十家医院院区，建设了 2 家传染病医院和 16 家方舱医院，来分级收治病人。其中最让人震惊的，是中央拨付资金，仅用 10 天就平地而起的火神山医院和雷神山医院。整个建设过程全程网络直播，全国人民围观做“监工”。在后来的抗疫战役中，两家医院发挥了重要作用，收治了大量的重症患者，圆满地完成了它们的历史使命。

疫情与我们的生活

疫情期间，学校组织我们在网上上直播课。老师们非常努力地适应从课堂讲解到网上直播的教学方式大转变；我们也很快适应了这种上课方式，在屏幕前依然保持着学习的劲头。

我们上课的时候，爸爸妈妈也在网上办公，他们经常开视频会议。

妈妈还有了一个新的爱好，就是研究各种食物，大大拓展了我们的家庭自制食谱。虽然疫情让我们很担忧，但是家的温暖一直安抚着我们每一个人。

让灯光化作温暖的谢意

疫情终于慢慢好转，“热干面”康复了！在这重获幸福的日子，我们武汉在横跨长江、汉江的 7 座桥梁，龟蛇两山及沿江的千栋房屋上，组成了 20 多千米长的长江巨幕，用光影表达诚挚的感谢。“‘辽’表寸心”“‘渝’战愈勇”“‘蜀’你最好”“‘贵’人相助”……灯光秀以每个地区的简称组成一句感恩的话，闪烁的光彩像流动的音乐，代表这城市从心底里唱出的感恩乐章。

一方有难，八方支援

2020 年初，正在准备过年的我们突然得到新冠肺炎疫情暴发的消息，城市被封闭起来了，所有人都被要求待在家里。当时，武汉所有医院都严重缺少口罩、防护服、呼吸机，很多病人得不到及时救治，爸爸妈妈每天看新闻都急得不得了。

幸好，国家很快就做出了反应，全国各地好多好多医生和护士，好多好多的医疗物资、生活物资，一飞机一飞机、一卡车一卡车地往武汉送。在中央的指导下，武汉的抗疫工作有序进行，终于使疫情得到了有效控制。

爱与团结

疫情期间最让我感动的，是看到了什么叫守望相助，什么是雪中送炭。当我们因为小区封锁，没有足够的米面油菜时，有人组织我们团购，把成包的蔬菜和粮食整齐地摆放在小区门口；当邻居爷爷苦于需要买药而不能出门时，有人四处采购，历经千辛万苦把药送到爷爷手上；当护士阿姨结束了一天繁忙的工作需要回家时，有人主动开车去接送她们；当邻居的宠物因主人无法返回武汉而无人照顾时，有人在征得主人同意后，带着锁匠一家一家地开门，给它们喂粮喂水。

妈妈说，这些人平时跟我们一样，是人群中普通的一员；但是当灾难来临时，他们主动站出来，不求回报地帮助我们。我想等我长大了，我也会成为这样的人：助人为乐，温暖他人，服务社会。

学校的一天

每天去学校成了我一睁开眼就盼望不已的事，因为除了能学到有趣的知识，参加丰富多彩的活动，好朋友们肯定也已经在教室等我啦！

晨读从经典开始

早上八点一刻到校，大家就翻开书晨读啦。我们每天都要朗读《弟子规》《论语》《增广贤文》等古代经典。老师告诉我们说，要边读边学习先贤的精神，在经典著作里感受他们高超的智慧。在朗读中，我渐渐理解了先贤高洁的品格与严格的自律精神，带着这样的理解来开启一天的学习，真是再合适不过啦。

武汉大学第一附属小学

我的学校武汉大学第一附属小学，前身是创建于1915年的武昌高等师范学校附属小学，是湖北省第一所公立小学。1931年，学校迁到珞珈山麓，改名为武汉大学附设小学，这所学校到今天已经有超过100年的历史了。中共一大代表陈潭秋、国际知名学者钱亦石、著名国画大师端木梦锡都曾在这里工作过。毕业生里，更是有一大批院士、将军、作家这样的优秀人才哟！

最爱的午餐——红菜薹炒腊肉

饭点一到，我就拿出奶奶为我准备的桌布铺在课桌上，再摆好自带的碗筷，就等着老师一声令下准备打饭啦。食堂的工作人员把饭菜装在大锅里送到教室，我最喜欢吃的菜是红菜薹（tái）炒腊肉。红菜薹秆子鲜脆又爽口，和香喷喷的腊肉一起炒，特别凸显它的甜味。每次有这道菜，我都可以吃两大碗饭呢，可惜一般只有冬天才吃得到哟！

红菜薹是我国的特产蔬菜，主要生长在长江流域一带。红菜薹菜秆是紫红色的，开金黄色的花，历来是我们湖北地方向皇帝进贡的土特产，曾被封为“金殿玉菜”，与武昌鱼齐名哟！

体育课上“贴烧饼”

每周的3节体育课是我们尽情撒欢的好时候，除了常规的跑步、跳远，体育老师还会组织我们玩游戏。我喜欢玩一个叫“贴烧饼”的游戏，就是全班同学围成大小两个同心圆，选出两个同学“石头剪刀布”，赢的一方绕外圈追输的一方；被追的同学随时可以贴住外圈一位同学的后背，对应的内圈同学变成被追者，开始绕圈跑；一旦追上，追人者就与被追者互换角色。同学们玩得乐此不疲，加油声、欢笑声不断，热闹极了。

秦始皇统一天下之后，实行了一连串的改革，统一文字就是其中十分重要的一项。统一后的字称为小篆，这是中国历史上第一次统一字体。

书法、围棋进课堂

要说我最喜欢的课，就是每周一下午的书法课和周四下午两节连上的围棋课啦。书法课从拿毛笔、画横竖开始，等基本功练好后就开始学习写小篆。我非常喜欢篆书，那些字长得有意思极了：“动”字的部首像一只展翅欲飞的鸟，“乐”字像一个一手一串糖葫芦的小朋友……每个月，我们最漂亮的作品会在走廊的墙上做展示，供大家欣赏，促进大家共同进步。

老师告诉我们说，这些课程教的都是国粹，越多人掌握它，使用它，它才能够长久地传承下去。

湖北省博物馆一日游

总觉得访完今还不够味，还想探点古。古楚国灿烂的文化与历史，巧夺天工的工艺技巧该去哪里找？让我带你去湖北省博物馆走一遭。

迈进大门有讲究

来到博物馆，首先映入眼帘的是两个塔状建筑组成的大门，这可是战国时期最流行的高台建筑的样子，只有重要宫殿才能拥有。进入大门，庭院中央有一个鱼池，上面模仿晋祠建造了一座“鱼沼飞梁”桥。

穿桥而过，面前是3座大型坡顶场馆。建筑师们在设计博物馆群楼时，参考了一件出土的楚国青铜容器的形态，将场馆设计成了一个巨型珍宝盘的样子。屋顶的台角是依照楚国传统凤凰纹饰抽象设计而来的，像4只凤凰在屋顶展翅呢。

我国石桥众多，形态也多种多样，但是“十”字形的石桥，只有鱼沼飞梁一座。它是我国现存仅有的孤例石桥，也是极其珍贵的国宝建筑，被誉为“世界上最古老的立交桥造型”。

鱼沼飞梁位于山西太原的晋祠，建于北宋时期，距今已有约千年的历史。现在桥面的汉白玉石料是1953年以后重新铺砌的。

曾侯乙编钟

要说最闪亮的镇馆之宝，非曾侯乙编钟莫属了。编钟架子有7米多长，近3米高；钟的立柱铸造成6个铜人，由它们托起红、黑、黄相间的彩漆钟架。全套编钟共65件，是中国出土数量最多、重量最重、音律最全、气势最为宏伟的一套编钟。

精致的钟体、钟架和挂钟构件上，还有大量的铭文，包括编号、记事、标音和乐律理论等内容，简直是一部完整的“古代音乐大辞典”啊！

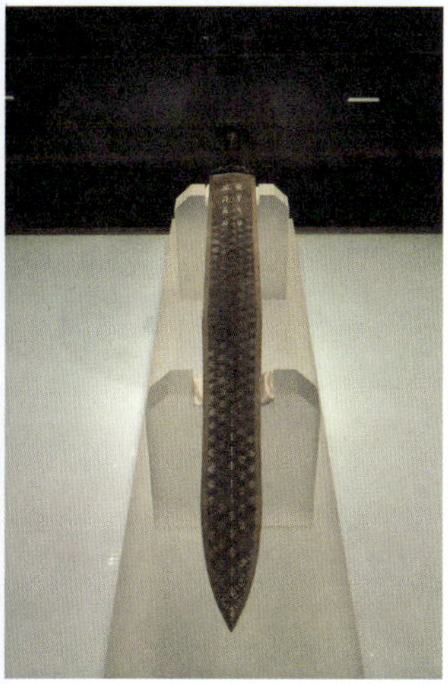

越王勾践剑

你听过卧薪尝胆的故事吗？越王当年打了败仗，回国后一直亲自放羊耕种，激励人民。展出的这把越王勾践剑，正是勾践自己打造的！这把剑体现了当时兵器制造的最高水平，被誉为“天下第一剑”，对研究越国历史和了解中国古代青铜铸造工艺和文字都有重要价值。

元青花四爱图梅瓶

元青花四爱图梅瓶出土于钟祥明代郢(yǐng)靖王墓，瓶身上描绘着王羲之爱兰图，陶渊明爱菊图，周敦颐爱莲图，林和靖爱梅、鹤图，画得非常细腻精美。

青花瓷器的历史可以追溯到唐代，元代时工艺已经十分成熟。但由于年代久远，瓷器又容易损毁，因此元青花保存下来的非常少，而其中又以花卉图案居多，所以博物馆的这件人物题材的梅瓶真是传世之宝呢！

你听过2000多年前的音乐吗？曾侯乙编钟至今仍能奏出优美铿锵的乐曲，堪称世界奇迹。2008年北京奥运会就使用了曾侯乙编钟的原声，制作了“金声玉振”的颁奖礼乐呢。

漆器保护我最行

咱们湖北省博物馆还有一项特别擅长的技术，就是漆器的保存与修复。楚地自古江多湖多雨水多，生活中需要大量防水防潮的材料来保护房屋、器皿，以免发霉腐坏。聪明的古人发现了一种树的汁液，只要涂在器物表面，就能极好地隔绝空气和水分，一下子解决了大家的难题。这种涂料就是大漆，涂上大漆的器物就是我们现在说的漆器了。

楚国人对大漆非常热爱，甚至有“楚人无物不髹（xiū）漆”的说法。在博物馆里，大家能见到很多漆器，比如超可爱的鸳鸯彩漆盒、造型独特的彩绘云龙纹漆樽等。

爱上博物馆

除了省博物馆，武汉还有超过 100 座特色博物馆，让我带你们去我最喜欢的几座博物馆参观一下吧！

武汉博物馆

武汉博物馆是一座现代化综合性博物馆，集文物收藏、学术科研、宣传教育等功能于一体，共有陶瓷、青铜器、书画、玉器、珐琅器、印章等藏品 6 万多件。

商·凤纹方罍（léi）

罍是中国古代的酒器。这件凤纹方罍是 1966 年出土的，制作工艺精湛，历史价值和艺术价值都非常高。

三国吴·青瓷坞堡

坞堡最早出现在边关地区，内部聚族而居，仿佛一个独立的小王国。这件青瓷坞堡布局合理，为我们展现了 1000 多年前的地方建筑特点，具有很重要的研究价值，我每次看到都惊叹不已。

清·“乾隆”款青玉双凤交颈壶

这是一件玉器，壶的造型是两只依偎在一起的凤鸟，脸颊相贴的凤首正是壶盖，壶底还刻着“乾隆御制”的字样。听讲解员说，这是乾隆时期玉雕中的精品呢。

聆听河流与生命的交响

武汉自然博物馆位于武汉园博园，填补了武汉没有自然博物馆的空白。它由长江文明馆、贝林大河生命馆和武汉园博园自然景观构成。

其中，贝林大河生命馆以世界著名的大河流为背景，展示完整而神奇的大河生命链条。最让我印象深刻的是场馆壮观的标本陈设，完全仿真模拟了河流繁荣的生态场景，身处动物迁徙的场景中，好像在和它们一起奔跑呢。在密西西比河的场景中，还能看到小浣熊偷爆米花哟！

探寻城市之根

盘龙城遗址博物馆位于武汉城区北部。盘龙城遗址已经有3500多年历史了，是长江流域已知的布局最清楚、遗迹最丰富的商代古城遗址。它的发现，推翻了以往公认的“商文化只存在于中原地区”的观点，可真是咱们武汉的“城市之根”哪！考古发掘出宫城内的两座宫殿基址，城外分布着手工作坊、民居点和小型墓地，是我国最早发现的“前朝后寝”式建筑格局。从遗址中发掘出的大量精美的商代青铜器、玉器和陶器，对研究商代文明和青铜文化具有重要的意义。

上次我去盘龙城遗址博物馆时，围着城墙跑了一圈，可把我累坏了，可见这座古城的面积真不小。

一个人与一座城的相互成就

月湖堤畔的张之洞与汉阳铁厂博物馆，是由设计过柏林犹太博物馆和负责纽约世贸中心重建项目的全球著名建筑大师丹尼尔·李博斯金设计的，外观模拟了一条昂首向上的大船，象征无论顺流逆流，都永远前进和奋斗的武汉城市精神。汉阳铁厂是清朝末年湖广总督张之洞创办的我国第一家钢铁联合企业，被视为中国觉醒的标志。馆内采用了丰富的科技手段，展示了张之洞在湖北兴实业、办教育、练新军、修铁路等主要业绩。其中最让人印象深刻的是在一间阴暗的房间里投射下一束顶光，让参观者站在光束下，接受来自四面八方的质疑和攻击，切身体验一个改革者的孤独和不易。

在展品中，最具特色的当数汉阳铁厂的界碑和汉阳铁厂的投产纪念碑。这两大“镇馆之宝”带着浓浓的时光印记，把当年的风光呈现在我们面前。

水波律动的假日

在我们这样一个多水的城市，周末的娱乐项目当然离不了水，水上有水上的刺激，水边有水边的温馨。快来感受一下我们愉快的周末假日吧！

东湖绿道的环湖骑士

爸爸说，咱们武汉除了有两条江，还拥有全国面积最大和第二大的城中湖泊——汤逊湖和东湖。其中我最喜欢去的就是西湖的姐妹——东湖啦。东湖的面积有6个西湖那么大，围绕着湖岸，有整整一圈骑行和步行的专用绿道，全长超过100千米呢！

周末天气好的时候，爸爸会带我们沿湖骑自行车。我最喜欢的是从武汉大学凌波门到磨山的这一路，整条道路都被湖水环绕。骑一圈有将近10千米的距离呢，我都完全没问题！

水上马拉松

现在好多城市都特别流行马拉松活动，一般马拉松都在马路上进行，但我们武汉还有水里的马拉松呢。每年初夏，会在东湖举办非常专业的水上马拉松比赛，比赛分为2千米挑战和10千米专业竞技两种。不要看距离短，水上可比陆地上慢多啦。比赛枪声一响，运动健将扑通扑通跳进东湖里，用游泳的方式来“跑”这场独特的马拉松。2019年的比赛，有1700多名运动员前来参加了呢，真的是太激烈啦。

把春天装进胃里

每年春天，天气刚刚转暖，就宣告着挖野菜的黄金季节到来啦。那几个周末，妈妈会带着全家，去长江中的岛屿天兴洲和城郊府河的沿岸，寻找各种新鲜野菜。一家人带着小铲子，沿着堤岸四处寻找，边走边挖。2 月最早冒出来的有地菜、苜蓿、笋，水芹、枸杞尖、地皮菜都要等到 3 月。妈妈说，野菜纯绿色无污染，既新鲜又正当时。挖回去做成春卷、饺子、小菜，吃上一口，真是满满的春天气息呢。

冬季湿地去观鸟

冬天是候鸟迁徙的季节，每年从 11 月开始，就有好多候鸟路过武汉，在湖边落脚栖息。扛上爸爸给我买的高倍望远镜，就可以去观赏美丽的候鸟啦。

武汉蔡甸沉湖湿地，是被列入国际重要湿地名录的湿地，总面积达到 17.4 万亩，是江汉平原上最大的淡水湿地系统，世界 8 条候鸟迁徙路线之一。每年冬季在这里越冬的候鸟数量远远高于国际重要湿地要求的 2 万只，高峰时甚至可以达到 10 万只呢！用望远镜望过去，有长腿的水鸟在滩涂上嬉戏，野雁、野天鹅在水里觅食，真是生机勃勃啊。

远观之外，还有一种特别的方式可以近距离观鸟。那就是在东湖边请一个船家，划船到湖中间去，在蹁跹的水鸟群里行船观赏，那感觉，仿佛和大自然融为一体了呢。

百亩芦花赛冬雪

在武汉长江二桥下的汉口江滩，有足足百亩野生芦苇。到了秋末冬初的时候，大片大片的芦苇都开出白色芦花，毛茸茸、膨松松，就像下了一层厚厚的雪，在阳光的照射下，散发着金色的光芒。每年这个时候，爸爸妈妈都会带我去拍一张芦花照，留住一年最美好的秋色。

花香与跃动的城市节日

除了春节、端午节、国庆节等全国共同的节日，我们的城市还有自己独特的节日哟！快来跟我们一起，花儿看起来，马儿跑起来！

春季樱花节

我们武汉最美的季节就是春天啦！淮河以南湿漉漉的空气，会在春天浸润南方的大地。所以一到3月，我们武汉就是一片桃红柳绿、莺歌燕舞的繁盛春景。每年到这个时候，爸爸妈妈就会选一个阳光灿烂的假日，带我去武汉大学和东湖樱花园看樱花。

武汉的樱花粉粉的、白白的，远远看去像云朵一样，一大片一大片；微风一吹，又像雪花一样纷纷落下。一场雨后，地面会铺上花瓣的地毯，真是太美啦！

1934年9月9日，武汉举办第一次横渡长江游泳竞赛活动，张学良将军向冠军颁发刻有“力挽狂澜”字样的银盾。1956年，毛泽东主席视察武汉，首次畅游长江，游后乘兴写下著名的《水调歌头·游泳》，横渡长江因之闻名于世。此后，武汉开始组织一年一度的横渡长江竞赛活动。

跳湖是个技术活

要是用一个字形容武汉的夏天，那就是“热”！简直每一个毛孔都被热气塞满啦！所以每年8月最热的那个周末，我们武汉人就聚在东湖边，穿着千奇百怪的服装，戴上花里胡哨的配饰，摆出脑洞大开的姿势，一跃而起，跳入东湖清凉的湖水中，铭记夏日的灿烂美好。

这个节日不仅表达了我们武汉人民对夏天的热爱，更是呼吁大家要爱护湖泊环境呢！对啦，还有可以吃吃喝喝的水上集市哟，你不想来感受一下吗？

跳东湖节是由武汉本地的小轮车俱乐部发起的。小轮车也叫自行越野车，与我们熟悉的自行车大同小异，但是车身更结实、更轻巧。

到现在，小轮车跳湖还是跳东湖节最精彩的内容，选手要在空中完成复杂的翻转动作，再落入水中。当然啦，掌声属于跳得最远、水花最大的人哟！

早在20世纪初期，拥有三大赛马场的武汉，就是中国有名的“赛马之都”了。因为对马的喜爱，武汉许多地名中都有“马”字。比如现在唐家墩附近的马场角，正是因为地处万国跑马场的一角而得名；阅马场是清代武举马科考试的场所；根据地方志上的记载，马房山是楚庄王养马的地方；还有西马路、白马洲、失马港、马家庄等。武汉真不愧是赛马之都啊！

武汉国际赛马节

每年金秋时节，我们武汉都要在东西湖区的东方马城举办盛大的赛马比赛，到2020年已经是第18届啦！以前在电影里才看得到的赛马，现在在我们武汉也可以亲身体验呢。赛马节上，女士们还会戴上漂亮的帽子，除了比谁的马跑得快，还要比谁的帽子最出众。

武汉国际渡江节

从2009年起，每年7月16日，我们武汉都要举办游泳渡长江的盛大活动。听妈妈说，这是为了纪念多次畅游长江的游泳健将——毛主席而举办的，现在成了我们大家的节日。

渡江节分为个人抢渡长江挑战赛与群众方队横渡长江活动两大块。抢渡就是看谁先游过江，参加的都是专业运动员。群众方队则背着大红旗，系着游泳圈，在水中排成方阵，推着浮在水上的标语横幅，集体渡过江流。不管怎么样，只要渡过了长江就是胜利呀！

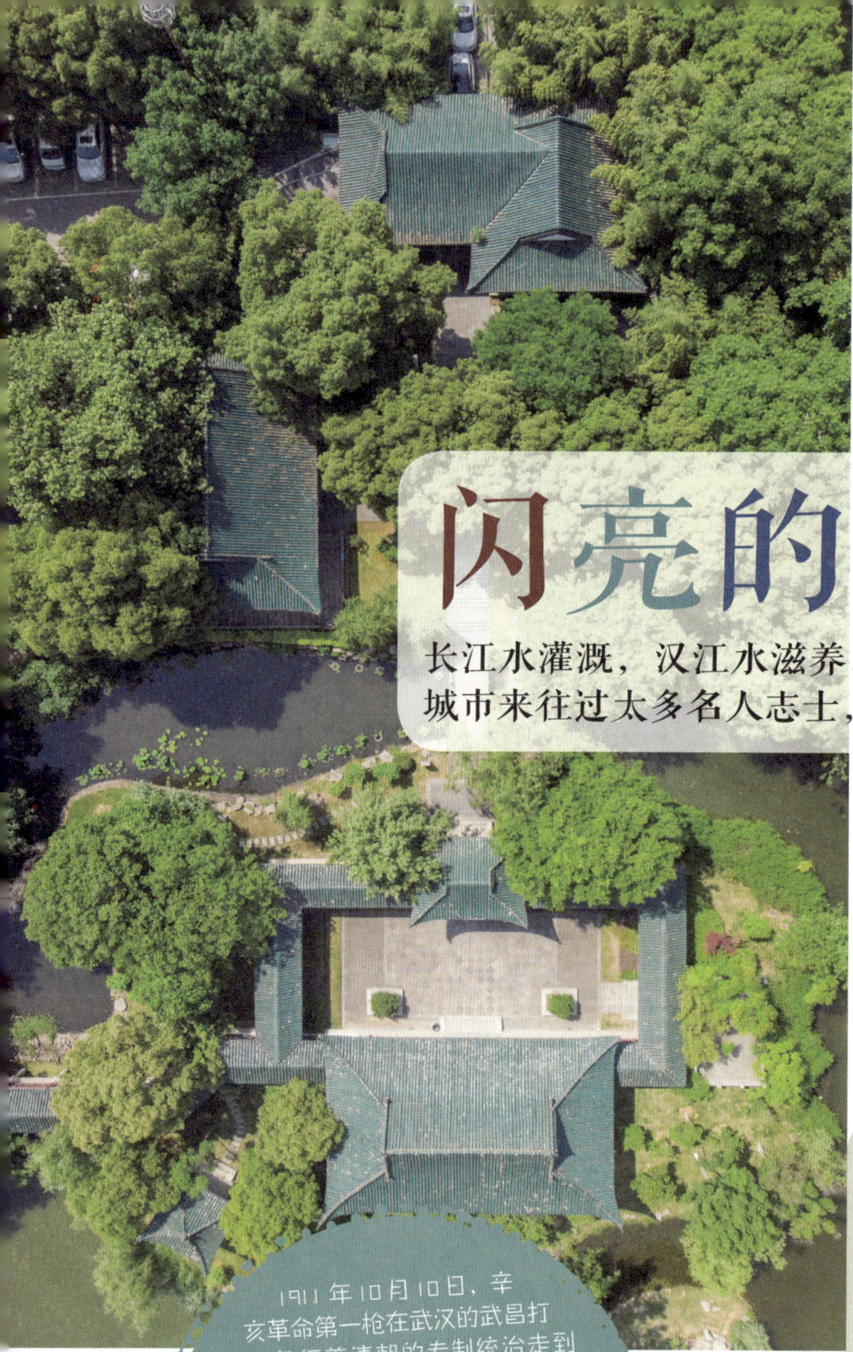

闪亮的城市名片

长江水灌溉，汉江水滋养，风雨里洗礼，阳光下成长。这座城市来往过太多名人志士，也哺育过许多闪光的灵魂。

1911 年 10 月 10 日，辛亥革命第一枪在武汉的武昌打响，象征着清朝的专制统治走到了尽头。现在来到武汉，仍然能寻找到许多辛亥革命的印记。武汉不仅有辛亥革命武昌起义纪念馆、起义门、武汉中华民国军政府鄂军都督府旧址（红楼）等历史遗迹，许多道路、地域的名称，也与辛亥革命息息相关，比如彭刘杨路，就是纪念为革命而牺牲的三位分别姓彭、刘、杨的烈士而命名的。

高山流水觅知音

伯牙是春秋时期著名的古琴演奏家，以演奏深奥难懂而著称。一次，他在武汉龟山附近奏琴，一位叫钟子期的樵夫路过，听出了琴声所表达的高山流水的意境。伯牙特别高兴，二人相约来年再聚。第二年，伯牙再次来到这里，却得知钟子期已去世的消息，仰天长泣，将心爱的古琴一把砸碎，从此再也不演奏了。

现在，古琴台公园就建在伯牙鼓琴觅知音的地方，汉阳区的商业中心钟家村就是钟子期曾生活过的村子的所在地。

“近代钢铁工业之父”张之洞

张之洞是晚清重臣、洋务派代表人物之一。他作为湖广总督调任武汉，以“中华为体，西学为用”为思想基点，推新政，兴实业，练新军，办教育，修铁路。他创办了汉阳铁厂、纺织厂、兵工厂，筹建芦汉铁路，为中国近代重工业发展打下基础。在他的倡导和努力下，武汉在20世纪初便享有“东方芝加哥”的美誉，成为“驾乎津门，直追沪上”的大都市，直至后来赢得“大武汉”的称号。

新中国的“地质之光”李四光

李四光，湖北黄冈人，中国著名地质学家。他早年留学英国，带回了先进的地质科学知识，开创了中国的地质力学理论研究，为新中国的石油勘探和开发做出了重大的贡献。

20世纪30年代时，为了救国施教，李四光还主持兴建了武汉大学珞珈山校区。现在武汉大学里还有一尊雕塑，记录下了李四光当年牵着驴子为武汉大学选址的样子呢。

李白多次来到武汉，留下许多著名诗篇，其中一首“一为迁客去长沙，西望长安不见家。黄鹤楼中吹玉笛，江城五月落梅花”，讲述了离开家乡的诗人在黄鹤楼上听到笛声，随一曲《梅花落》联想到被长江贯穿的城市梅花飘落的情景。这首诗使得武汉获得“江城”这一美称，并沿用至今。

“跳水皇后”伏明霞

“跳水皇后”伏明霞也是咱们土生土长的武汉人哟！1992年的巴塞罗那奥运会上，年仅14岁的伏明霞从容不迫地走上10米高的跳台，短短几秒内一连串动作完美完成，一举摘取了女子10米跳台的金牌，为中国实现体育强国的目标铺就了梦想的基石。

网球“金花一姐”李娜

自信、坚持自我、百折不挠、自带光芒，这就是李娜的精神，也是她骨子里的武汉精神。她获得过2次大满贯，入选国际网球名人堂，还带动了中国体育职业化的发展和网球运动的兴盛。现在每年9月来武汉，还能观赏到全球十大网球赛事之一的WTA超五巡回赛，全球一共只有5站呢！

你会说武汉话吗

“天热火气大，说话喉咙喳”，就是说武汉人说起话来，明明是很平常的内容，旁人听起来就像在吵架。这到底是怎样一种神奇的方言呢？快让我来告诉你吧！

说武汉话，气势很重要！

由于湖泊和江河多，以前很多武汉人都靠水而生：打鱼采莲藕，渡船运人货。在没有手机的时候，想要跟江上湖上的人说话怎么办呢？那就只能靠嘹亮的嗓门喊起来啦。久而久之，武汉人说话就形成了嗓门大的习惯。再加上武汉冬天很冷，夏天特别热，人们在外面遇到，就想快点把话讲完，大家语速就特别快。这样一来，外地朋友们听起来，就会觉得武汉话一开讲，简直像在吵架一样！

京剧使用的方言竟然是……武汉话？

大家欣赏京剧时，是不是常常会觉得那些老生、青衣、花脸的好多念白，并不是我们熟悉的北京话？那他们说的，到底是哪里的方言呢？

其实，这些韵白使用的是湖广地区的方言。京剧里有“中州韵，湖广音”的说法。“中州”是指河南一带，而“湖广”就是指湖北武汉一带。京剧韵白的发音是综合以上两地的方言形成的。比如京剧用韵白念“大人”“英雄”“为什么”“你是何人”“豹子头林冲”“你我兄弟相称”等词句时，声调和武汉话几乎完全一样。

武汉话、成都话、贵阳话，傻傻分不清楚

从语言体系上来说，武汉话属西南官话湖广片。西南官话在中国境内主要分布于西南部的重庆市、四川省、云南省、贵州省等地的汉语地区。这些地方的方言发音都有一些相似，这也能解释，为什么许多武汉人在外地，一开口说武汉话，就容易被误认为是四川人啦！

跟我学几句地道的武汉话吧！

武汉话	普通话
蛮扎实	厉害
耍拉	利索
贼	聪明
郭拉	角落
么斯	什么
老特	爸爸
灵醒	好看
豆里	里面
条举	扫帚

（本页方言多为音译，不以其文字为准）

用手机扫一扫，
听听他们在说什么吧！

（本页普通话翻译多为意译，
非逐字逐句翻译）

和和：扬扬，这么早就来学校了？你吃早饭了没有？

扬扬：吃了，我家楼下有一家热干面很好吃，每天早上很多人排队。

和和：这么好吃？你说得我肚子都饿了。

扬扬：那你快去吃，别耽误上课。

和和：没事，我就在校门口吃，顺便把书读一下，老师今天要检查。

扬扬：那你还是要仔细一点啊。

和和：哈哈，放心，我这么有本事的人。

“早餐之都”的美食日常

对于武汉人来说，日常饮食绝对可以分为两类：“过早”和正餐。连“过早”都可以拿出来自成一派？谁叫我们武汉是美食家蔡澜爷爷钦定的“早餐之都”呢！

灵活的走位是“过早”标配

武汉人把吃早餐叫“过早”，想想看，什么时候会用到这个“过”字？过关、过节、过年，通常都表示比较大的事件，由此可见早餐在武汉人心里的分量。

武汉的“过早”有两个要点。一是品种丰富，轻轻松松一个月不重样！什么热干面、牛肉粉、豆皮、烧卖、糯米鸡、面窝、油香……一双手根本数不过来。二是要会边走边吃，手要端得稳，腿要走得快，嗓子眼不能噎着，嘴里更不能烫着，简直是训练杂技演员呢！这是因为武汉城区面积大，大家早上上班上学，都需要赶路坐车，养成了边赶路边吃的习惯。想来武汉“过早”？先在家里练习走位吧。

在武汉“过早”，热干面是绝对的标配。热干面选用富含碱的面条，看起来金灿灿的。武汉最受欢迎的热干面馆很多都是街头巷尾的小铺面，老板十几秒烫熟一碗面，再淋上芝麻酱、香油、香醋、辣椒油等酱汁。面一到手，必须立刻用力搅拌，趁热让浓郁的酱汁均匀地包裹面条。拌好的热干面爽滑筋道，吃上一口，嘴上就沾满了香喷喷的芝麻酱，妈妈总是笑话我是个“麻糊子”呢。

米、米、米粉蒸各种

在我们武汉这鱼米之乡，米也是重要的食材。米可以做成米饭；磨成粉后可以做成各种样式的米粉、米皮，煮成米糊，烤成米粑粑，还可以用来作为配料。

用清香细腻的米粉，包裹着用调料腌制好的肥瘦相间的猪肉，放进冒着浓浓蒸汽的蒸锅笼屉里。蒸好的粉蒸肉，米粉油润、肉块细嫩、香味浓郁，关键是入口即化，深得各年龄层食客的喜爱。后来又演化出粉蒸各种鱼，粉蒸各种肉，粉蒸茼蒿、藕、南瓜、红薯等蔬菜。小小米粉，啥都能蒸呢！

靠水吃水

江河湖泊以及岸边的好吃的能有多少种？滑藕带、炒藜蒿、烧慈姑、清蒸大闸蟹、葱烧武昌鱼、三鲜鱼丸汤、排骨藕汤……数都数不过来啦！武汉有一道名菜叫“荷塘三宝”，是把脆嫩的藕丁、小块的嫩菱角和刚刚从莲蓬里剥出来的甜甜的莲子这三样一起炒，脆生生、甜丝丝，带着荷塘的芬芳，我可喜欢吃啦。

鸭的脖子都去哪了？

全国人民心目中的武汉第一零食，恐怕非鸭脖子莫属了吧。又香又辣的鸭脖子是武汉地区非常流行的一种小吃，起源于汉口的精武路，所以又叫“精武鸭脖”。它从诞生之初，就带着浓浓的市井气息和武汉味道。

随着电子商务和外卖行业的不断发展，现在在全国各地，都能品尝到正宗的武汉鸭脖子了呢。小伙伴们，你们吃过吗？

百年风雨老字号

“老通城的三鲜豆皮，四季美的汤包，蔡林记的热干面，谈炎记的水饺，德华楼的年糕，顺香居的烧卖，老万成的酸梅汤，曹祥泰的绿豆糕，福庆和的牛肉豆丝，小桃园的煨汤，田启恒的糊汤粉，谢荣德的面窝……”这段顺口溜记录的是老武汉人耳熟能详的美食地图，这地图里的每一家店也都有百年的历史了。

现在有亲朋好友来武汉，我们会带他们去汉口最繁华的中山大道，德华楼、田启恒、老通城、四季美、蔡林记应有尽有。吃完再去有超过 280 年历史的“汪玉霞”买上点武汉传统小吃——老酥饼、京果、云片糕、杂糖，姥姥说还是她小时候的味道呢。

欢迎来我家做客

我们家好吃的东西真是太多啦：妈妈做的豆腐珍珠圆子，奶奶烧的武昌鱼，爸爸买的小龙虾……快来尝一尝吧！

武汉人过年的3个“三”

武汉人吃年夜饭，为了讨个吉祥圆满，讲究“三全”“三糕”“三丸”。“三全”就是全鸡、全鸭、全鱼，“三糕”就是鱼糕、肉糕、羊糕，“三丸”就是鱼丸、肉丸、藕丸。实在是太丰盛啦！

一直以来，武汉都有无丸不成席、无糕不成席、无鱼不成席、无汤不成席的说法。这糕，首要的便是鱼糕。湖北菜讲究“吃鱼不见鱼，吃肉不见肉”，鱼糕便是其中的代表菜品。它用鱼糜、鸡蛋和肉为主要原料加工蒸制而成，入口鲜香嫩滑，是待客的上品。

在武汉，年夜饭的开饭时间多在天黑之前。有的人家一直吃过0点，把吃年夜饭和年三十的守岁合二为一，寓意“越吃越亮”，祈望全家日子越过越好，好似芝麻开花节节高。

在武汉吃鱼，首选的就是武昌鱼啦。当年毛主席的“才饮长沙水，又食武昌鱼”，让它闻名四海。武昌鱼身材扁平，肉味鲜美。吃鱼的时候一定要数数它脊背上的主刺：一条真正的武昌鱼，是有十三对半大刺呢，千万别数漏了。

吃鱼的讲究

武汉水系众多，鱼类也极其丰富，本地人都非常喜欢吃鱼呢。请客吃饭，必须要上一两道鱼。如果是整鱼，上桌的时候，鱼头要对着主宾，才表示尊敬哟！我从小就是个吃鱼的高手，妈妈总表扬我不管多细的刺都能准确地吐出来。胆大心细才能愉快地享受这道美味啊！

荷花全身都是宝

咱武汉这么多水的地方，除了鱼多，其他好吃的也多。其中全身都好吃的，就数荷花啦！藕啊，莲蓬啊，就不用说了，单说花吧：菜场买一把荷花，把花瓣裹上鸡蛋面糊，下锅炸得金灿灿的，咬一口真是清香酥脆。荷叶则要去塘里摘取还没舒展开的，切成块和鸡蛋一起炒，真是清香爽口。根系上生出来的藕带更是好吃，放一点泡椒爆炒，酸脆爽口，想想就口水四溢啊！

铫子煨汤才叫正宗

武汉也有煨汤的习俗。武汉人煨汤，有一个特殊的法宝，叫“铫（diào）子”。在武汉人眼里，这是一宝。铫子是一种粗砂罐子，用的年头越长越好。老的铫子，号称清水也能煮出汤来，不放肉也能煨出肉的味道来呢。

我外公就很擅长用铫子煨汤，他常常夸耀他的牛肉萝卜汤足足煨了8个小时。起锅时，还要精心撒上葱花、黑胡椒和细盐，汤的香味随蒸腾的水汽扑面而来，我每次都要喝两碗才过瘾呢。

扬扬与和和的菜谱

我家的莲藕排骨汤和糍粑鱼有独门秘籍，按照我的方法做出来，味道一定不一样哟！

莲藕排骨汤

一碗热乎乎、米白粉糯的莲藕汤，是秋冬季时一想到就口水四溢、手脚发热的美味。

主料： 猪排骨、粉莲藕

辅料： 生姜、小葱、盐

操作步骤：

1. 将排骨洗干净。开中火，锅烧热后倒入排骨翻炒。
2. 肉炒变色后，倒入足量的水没过排骨，大火烧开，用勺子把浮沫撇出倒掉。
3. 将撇干净的肉和汤全部倒入煨汤的罐子里，加入生姜和足够的水，盖上盖子小火慢炖。
4. 大概 1.5 小时后，将莲藕洗净去皮，滚刀切块。
5. 在切好的莲藕块上撒一层盐，用手涂抹均匀后，放入足够没过莲藕的水中，防止莲藕氧化变黑。
6. 几分钟后，将泡莲藕的水倒掉，把莲藕倒进汤里。
7. 盖上盖子继续煨 1 小时左右，直到莲藕煨得粉糯。
8. 加入适量的盐，撒一把葱花，就可以起锅了。

妈妈说选择对的莲藕是煨藕汤的关键，一定要选择粉莲藕。无论是7孔、9孔还是11孔的藕，都有脆的和粉的，所以请卖菜的叔叔阿姨或爷爷奶奶帮忙挑选才是硬道理啊。

糍粑鱼

又香又辣的糍粑鱼，最下饭了！这可是扬扬妈妈家传的拿手菜哟！

主料： 草鱼块

辅料： 生姜、大蒜、大葱白、花椒、干红辣椒、小葱、花雕酒、盐、白糖、麻油、生抽、白芝麻、食用油

操作步骤：

1. 把草鱼块洗净沥干，生姜切丝，大蒜切片，大葱白和干红辣椒切成菱形。
2. 把鱼块放入一个大碗里，加盐和生姜丝、大蒜片、大葱片、干红辣椒片、花椒，再加入适量花雕酒，用手抓匀。
3. 把拌好的鱼块连同调料一起放入保鲜袋或保鲜盒里密封好，放入冰箱冷冻室腌 3—7 天。
4. 鱼块腌制好后在室温下自然解冻。解冻后将鱼块和腌制调料分开放，鱼块用厨房吸水纸吸干，防止煎的时候溅油。
5. 锅中放油，油热后转小火，放入鱼块慢煎，煎至两面金黄后取出。
6. 锅中留一点油，放入之前腌鱼的调料，再少加一点白糖、生抽和一碗水烧开。
7. 把煎好的鱼块放回锅中，盖上锅盖用中火煮 2—3 分钟后，大火收汁。
8. 关火后加入麻油，撒一把白芝麻、一把小葱，出锅装盘。

奶奶偷偷告诉我，这道菜的美味秘诀就在腌和煎里：一定要腌足够的时间；千万不要着急，一下子就把鱼块取出来。耐心是做好这道菜的诀窍哟！

1

2

5
武汉，每天不一样！
Wuhan, Different Every Day!

6
汉正街市场
中国剃须刀十大知名品牌 ISO9001国际质量体系认证企业
飞科剃须刀

9

10

13
户部巷
古城寻口福 美味何妨巷子深

3

4

7

8

11

12

14
城 国家考古遗址

1

黄鹤楼

黄鹤楼始建于三国时期，自古享有“天下江山第一楼”的美誉。历史上黄鹤楼多次毁于大火，现在看到的黄鹤楼是1985年建成的，更为壮观。楼外有造型独特的铸铜黄鹤，四周亭台楼阁相接，散发出汉文化的精气神。

2

武汉长江大桥

武汉长江大桥建成于1957年，“一桥飞架南北，天堑变通途”，成为万里长江第一桥。大桥坐落在龟山和蛇山之间，连接武汉三镇，上游是芳草萋萋的鹦鹉洲，下游是汉江与长江交汇处。桥头堡内装设有升降电梯，方便游人在桥上欣赏长江景色。

5

江汉路

汉口的江汉路是一条历史悠久的步行街，两边有很多租界时期遗留下来的老房子，路头的老海关江汉关和路中的水塔都是标志性建筑。除了老房子，附近的老店也不少，有些开了几十年，甚至百年。与江汉路连接的中山路一带更是汉味美食的聚集区，尤以吉庆街最为有名，不仅有美食，晚上还有民间艺人在排档间表演，奔走于席间，吹拉弹唱，热闹异常。

6

汉正街

汉正街是武汉最古老的街道之一，由沿河的若干条东西向的“正街”组成。长江最大的支流汉水就在这里注入长江，汉水入长江口，三镇之一汉口由此得名。过去商人乘船顺流而下，将货物贩运到汉正街中转。汉正街曾被称为“全国小商品市场第一街”，到处是人来人往的“打货人”，现在则变成了时尚的购物体验中心。

9

东湖磨山

东湖现为中国水域面积第二大的城中湖，环湖绿道超过100千米长。其中的磨山景区，是中国最大的楚文化游览区，中国梅花、荷花研究中心所在地，为世界三大赏樱胜地之一。中国科学院武汉植物园磨山园区收集、保育植物资源12000余种，经常举办各种花展，真是美不胜收呀！

10

昙华林

昙华林位于武昌，是明洪武年间扩建后逐渐形成的一条老街，数百年来中西文化交汇融合，各流派建筑云集于此。过去，这里许多小庭院内都种有昙花，昙华林因此而得名。现在的昙华林还有不少种花、卖花的人家。这里有许多名人别墅、特色展馆、古老街巷，也有居民住宅，具有古今融合之美。

13

户部巷

这条原本不足150米长的百年老巷，被誉为“汉味小吃第一巷”，繁华的早点摊群数十年经久不衰。拥挤的街道两边都是各色美食：生煎包子、热干面、米粑粑、糊粉、烧卖……真是太好吃了！

3

武汉大学

百年名校武汉大学，源自张之洞创办的自强学堂。校区是李四光爷爷骑着毛驴选的址，依傍在美丽的东湖边，坐拥整座珞珈山。武汉大学梅园、桂园、樱园四季芬芳，许多带琉璃瓦的民国建筑掩映在花海树丛之间，被誉为“中国最美丽的大学”。

4

知音号

武汉旅游新名片——游轮“知音号”，是一艘长江上移动的民国舞台。参观者能换上民国风服装，在船上体验纯正的民国风情。每个船舱都有不同的故事，汉剧名伶、战地记者、茶商……参观者可以扮演故事主角，入舞池翩翩起舞，坐酒吧品酒，欣赏这一幕幕人间故事。

7

古琴台

位于龟山脚下的月湖之滨，始建于宋代，是中国有名的音乐文化古迹。古建筑、雕像馆、“高山流水”音乐厅……这里是全球知音文化爱好者喜欢的地方。来到这里，你就步入了音乐的盛宴。

8

汉阳造艺术区

汉阳造艺术区位于武汉龟山脚下，地处武昌、汉阳和汉口的交界处。这片厂房的前身是汉阳兵工厂和824军工厂的一部分，与北京“798”艺术区具有相似的历史背景，现在正向创意产业聚集区的方向发展。

11

古德寺

古德寺是一座混合了欧亚宗教建筑特色的禅宗建筑，在国内极少见。寺庙的回形步廊和方柱依稀可见古希腊神庙的风韵，立面墙和窗户则是基督教堂的建筑样式。顶部亭塔建筑借鉴了伊斯兰建筑风格；内外墙面装饰的花卉、狮头、象头和大鹏金翅鸟等细部，隐约又是印度和东南亚的风格……真是集多种风格于一体啊！

12

湖北省博物馆

湖北省博物馆坐落在东湖之滨，是国家级博物馆。现有馆藏文物24万余件（套），其中青铜器、漆木器、简牍等都很有特色，镇馆之宝有越王勾践剑、曾侯乙编钟、郧县人头骨化石、元青花四爱图梅瓶等。

14

盘龙城遗址

盘龙城遗址是长江流域已知的规模较大、遗迹最丰富的商代前期城邑遗址，也是武汉城市文明的源头。盘龙城遗址公园三面环水，距离武汉市区只有5千米左右，交通很方便，特别适合周末来探宝。

附录

图片版权说明

全书图片的版权说明如下：

- P13 右上（疫情与我们的生活）、右下（爱与团结），P14 右中（晨读从经典开始）、左下（武汉大学第一附属小学），P17 左上（越王勾践剑），P18 中下、右下（聆听河流与生命的交响），P19 中（探寻城市之根），P21 右上（把春天装进胃里），P23 中上、中中（跳湖是个技术活），P24 左（高山流水觅知音），P25 右上（新中国的“地质之光”李四光），P28 下（百年风雨老字号），P31 中（荷花全身都是宝），P35 图片 11 和 14，赵典典提供;

- 其他图片来自“图虫创意”图库网站（上海图虫网络科技有限公司）。

加入阳光秀美童书书友会

扫一扫，加入阳光秀美童书书友会

只要完成以下两步，就能第一时间获得最新书讯和活动消息！

1. 扫二维码，关注阳光秀美童书馆公众号；

2. 成功关注后，发送您的微信号，就能敲开童书馆的大门！

更多亲子课堂、好书分享等你来哟！

“去旅行”系列大家庭

“去旅行”系列由中法合作，以不同国家和城市的日常生活为切入点，介绍英国、德国、日本、印度、葡萄牙等 6 个国家，及北京、广州、贵阳、重庆等国内 9 个城市，内容涵盖文化、生活、教育等方方面面。最新版本加入 6 个新的特色城市，并采用新的形式、新的包装，是一套绝佳的综合性儿童知识百科书。

人文知识 | 语文诗词 | 历史典故 | 地理常识

英国
美国
德国
意大利
西班牙
日本

俄罗斯
印度
挪威
葡萄牙
摩洛哥
塞内加尔

贵阳
重庆
苏州

北京
杭州
哈尔滨
广州
成都
西安

建筑奇迹 | 风土人情 | 饮食文化 | 方言精髓

跟我游昆明

全权 著
王梦珊
彭程远 绘

去旅行（中国版2）

广西科学技术出版社

图书在版编目（CIP）数据

跟我游昆明 / 全权著；王梦珊，彭程远绘. —南宁：广西科学技术出版社，2021.10
（去旅行：中国版. 2）
ISBN 978-7-5551-1615-8

Ⅰ. ①跟… Ⅱ. ①全… ②王… ③彭… Ⅲ. ①昆明—概况—儿童读物 Ⅳ. ①K927.41-49

中国版本图书馆CIP数据核字（2021）第179655号

GEN WO YOU KUNMING

跟我游昆明

全权　著　　王梦珊　彭程远　绘

策划编辑：蒋　伟　王滟明　　责任编辑：付迎亚　聂　青
责任审读：张桂宜　　责任校对：张思雯
书籍装帧：于　是　　内文排版：孙晓波
责任印制：高定军　　视频制作：尹霄霄
营销编辑：芦　岩　曹红宝

出 版 人：卢培钊　　出版发行：广西科学技术出版社
社　　址：广西南宁市东葛路66号　　邮政编码：530023
电　　话：010-58263266-804（北京）　　0771-5845660（南宁）
传　　真：0771-5878485（南宁）
经　　销：全国各地新华书店
印　　刷：雅迪云印（天津）科技有限公司　　邮政编码：301500
地　　址：天津市宁河区现代产业区健捷路5号
开　　本：850mm × 1000mm 1/16
印　　张：2.5　　字　　数：50千字
版　　次：2021年10月第1版　　印　　次：2021年10月第1次印刷
书　　号：ISBN 978-7-5551-1615-8
定　　价：108.00元（全6册）

目录

CONTENTS

欢迎来到昆明

昆明既是一座融合不同民族和文化的千年历史名城，也是享誉世界的花都。这里有山有湖、四季如春，令人不忍离去。我们一起来游览“春城”吧！

大家好，我是爱音乐的墉墉

大家好，我叫赵九墉，今年10岁了，正在读四年级。我的爸爸是项目经理，妈妈是国企员工。我和妈妈都特别喜欢运动，周末时我们会一起外出跑步、游泳、打羽毛球，或者骑自行车去单位找爸爸。我还会演奏云南独有的传统乐器葫芦丝，到现在已经学习4年了，你想要我吹给你听吗？

大家好，我是爱读书的特特

大家好，我是特特，今年12岁，正在读小学六年级。我的爸爸工作特别忙，平时都是妈妈照顾我和妹妹，她不仅把家料理得井井有条，还会做很多好吃的云南菜。我最喜欢吃她做的牛肉干巴，这是一种云南特有的牛肉食品。我最大的爱好是收集和阅读绘本，从书里，我认识了一个充满爱心的世界。

生活节奏缓慢的鲜花之都

昆明建在高原之上，四季温差很小。不论春夏秋冬，这里都有蓝天白云和灿烂的阳光。昆明也是四季鲜花开不败的鲜花之都，即使是冬天，也有数不清的鲜花争奇斗艳，不用花多少钱就能买上一大把，惹得来这里旅游的朋友们大声惊叹。昆明人的生活节奏出了名的缓慢，漫步在老城区，小吃店、咖啡店、书店、水果店、花店几乎随处可见。

中文名： 昆明
外文名： Kunming
别名： 春城、滇都
行政区类别： 省会
所属地区： 中国西南地区
下辖地区： 7个区、3个县、3个自治县、1个代管县级市
地理位置： 云南省中部、滇池盆地之北
面积： 约2.1万平方千米
著名景点： 石林、滇池、翠湖、金殿、云南大学、圆通禅寺、金马碧鸡坊、西南联大旧址等

注：本章的城市基本情况
各种信息均以2021年9月前信息为准

在昆明“烤太阳”

昆明四季温差不大，最冷的时候不过8℃左右，最热也很少超过30℃。但这里的早晚温差很大，有人戏称是“一天之内有四季”，秋冬时常有中午穿短袖，晚上穿棉衣的情况。昆明海拔偏高，紫外线很强，能晒到太阳的地方很温暖，晒不到的地方特别冷。晒太阳在这里就有了一个特别洋气的名字——烤太阳！

多民族融合的千年古城

昆明的历史可以追溯到春秋战国时期。在 2000 多年的岁月中，这里建立过许多不同民族的政权。各具特色的民族文化交织融合，给昆明带来了绮丽美好的风姿。

历史大事记

战国时期，楚国大将庄蹻在滇池地区建立滇国。

765年，南诏国国王阁罗凤下令建造“东都”拓东城，是昆明市的前身。

1276年，元朝设置云南行中书省，昆明首次成为省会。

1915年，唐继尧、蔡锷等人在昆明发起“护国运动”，起兵反对袁世凯称帝。

1938年，国立西南联合大学在昆明建立。

古滇国和“滇王之印”

2000 多年前的昆明属于一个叫“滇国”的地方。当时楚国大将庄蹻率领军队来到滇池附近作战，返回时发现道路已经被秦国占领，无法再回到家乡，只能留在了这里，依靠军队称王，建立了滇国。汉武帝时期，滇国成为益州郡。保存在中国国家博物馆的“滇王之印”就是汉武帝赐给滇王的。1253 年，元世祖忽必烈征服大理国，1274 年派遣 63 岁的赛典赤·赡思丁管理云南地区，昆明从此成为云南的政治中心。

西南联合大学

1938 年 4 月，由北京大学、清华大学、南开大学合并成立的长沙临时大学迁到了昆明，更名为国立西南联合大学。那时正是抗日战争时期，条件极其艰苦，教授和学生常常连饭都吃不饱，还要时刻提防日军的轰炸。即使在这样的条件下，西南联合大学仍然汇集了陈寅恪、沈从文、朱自清等著名学者，培养出了 2 位诺贝尔奖获得者、4 位国家最高科学技术奖获得者、8 位两弹一星功勋奖章获得者等众多人才。直到现在，提起西南联合大学，人们仍会不自觉地竖起大拇指。

西南交通枢纽

昆明一直是中国西南地区的交通枢纽：早在2000多年前，昆明就是中国与印度交往的主要通道蜀身（yuān）毒道上的重要一站，茶马古道上悠远的驼铃声也时不时在昆明响起；抗战时期，滇越铁路、滇缅公路、史迪威公路和驼峰航线是抗战物资的主要运输通道；现代的成昆、贵昆、内昆、昆河等众多铁路起点都在昆明，国际机场则每天运送着无数人和货物往返国内外。这里还保留着罕见的“米轨铁路”，就是轨距只有1米的铁路，比如滇越铁路，曾被西方称为世界三大工程奇迹之一，也是世界上目前唯一仍在运行的米轨铁路。

市花

昆明的市花——云南山茶花，是云南八大花之冠。能在百花争艳的昆明称冠，可见这种花有多么独特。云南山茶花花朵硕大，色彩明艳，而且花期很长，可以从12月一直盛开到第二年的3月，即使在冰天雪地中也傲然绽放。徐霞客在《滇中花木记》中不禁称赞，山茶花是“滇城冠”。

市树

昆明的市树是玉兰树。玉兰花“色如玉，香似兰”，它的名字很好地形容出了玉兰洁净的气质。玉兰花不仅美丽，还可以用来做菜，独有的清香能让油腻的菜品变得清爽可口。

古今第一长联

在昆明的滇池北岸有一座大观楼，清代康熙年间就已经建成，经历了300多年的风雨，仍是眺望美丽风景的绝佳所在。除了秀美的风景，大观楼最著名的就是楼前那副“古今第一长联”了。这副长联有180个字，是清朝名士孙髯翁所作。据说在大观楼建成后，有许多人前来赏景作赋，只有孙髯翁所作的长联脱颖而出。

大观楼长联

上联：五百里滇池，奔来眼底，披襟岸帻，喜茫茫空阔无边。看：东骧神骏，西翥灵仪，北走蜿蜒，南翔缟素。高人韵士何妨选胜登临。趁蟹屿螺洲，梳裹就风鬟雾鬓；更苹天苇地，点缀些翠羽丹霞。莫孤（辜）负：四围香稻，万顷晴沙，九夏芙蓉，三春杨柳。

下联：数千年往事，注到心头，把酒凌虚，叹滚滚英雄谁在？想：汉习楼船，唐标铁柱，宋挥玉斧，元跨革囊。伟烈丰功费尽移山心力。尽珠帘画栋，卷不及暮雨朝云；便断碣残碑，都付与苍烟落照。只赢得：几杵疏钟，半江渔火，两行秋雁，一枕清霜。

富有特色的学校生活

我特别喜欢去学校！这里四季如春，许多民族的师生共同工作学习，我们每天都可以在户外尽情玩耍，还可以体验不同民族的文化和趣味活动哟！

上课啦

每天 7 点 30 分前，我们就得进学校了。我们上午有 4 节课，下午有 3 节课；每节课 40 分钟，课间休息 10 分钟。语文、数学和英语是每天都有的课程，还有音乐课、美术课、篮球课、信息技术课等。我最喜欢的是信息技术课，在课上我们会学习如何用电脑编程、画图、美化照片，还有怎么制作 PPT 等。

多姿多彩的民族歌舞

每年学校举行校庆时，常会有同学表演民族歌舞，比如傣族、彝族和藏族的舞蹈等。我最喜欢的莫过于灵动的孔雀舞了，据说这是一个傣族小伙子在河边钓鱼，偶然看到孔雀跳舞的身影时学会的。

在“大课间”活动中，我们还会组织跳操，比如竹竿舞、篮球操等。其中竹竿舞既好玩又好看，同学们都非常喜爱。

舞蹈老师告诉我们，孔雀舞讲究身体和手臂都要有“三道弯”，也就是从脚掌到膝部、从膝部到胯部、从胯部到胸部的三部分弯曲，以及从指尖到手腕、从手腕到肘部、从肘部到肩部的三部分弯曲。跟着音乐模仿孔雀开屏、点水和扑翅的动作才好看。

班级植物角

我们班教室后面有一个植物角，摆放着同学从家里带来的植物。它们大多数是多肉和仙人掌类植物，也有比较大的虎皮兰。班主任说植物可以清新空气，让大家有更好的心情学习，她自己也带来了好几盆绿萝。我带了一盆蟹爪兰来，这种植物生命力旺盛，花和叶子的形状也很独特，每年秋冬都会开出漂亮的粉色和红色花朵。

昆明气候温暖，学校一年四季都能组织我们外出游玩。哪怕到了祖国大多数地方已经千里冰封的冬季，我们依然能在灿烂的阳光和湛蓝的天空下冬游，欣赏怒放的山茶花和迎春花。

最喜欢吃炸鸡腿

每天中午 12 点，食堂会把我们的午饭统一配送到教室。午饭有两荤两素一汤一饭，大家轮流值日，给同学们打饭。老奶洋芋、粉蒸肉、番茄肉丸都是我们喜欢的菜，有时候食堂还会炸鸡腿，这一天简直就完美了！

除了午饭，午休后学校还有各种各样的水果加餐。杧果、石榴、火龙果、褚橙、雪梨……昆明的水果既好吃，种类又多。我会带一瓶酸奶去学校，加入各种水果拌着吃。能吃辣的同学还会用酸木瓜、草莓、杧果等拌干辣椒吃，这可是非常地道的昆明口味哟！

自己动手做扎染

每周二下午学校都有兴趣课：编程机器人、橡皮泥、国画、剪纸……都能自由选择。我参加的是白族扎染课，我们需要用橡皮筋或者线将布扎成有规律的结，再用把鲜花捣成浆后制成的颜料给布染色，展开后就是染好的布料了。在选颜色时，我会选择鲜艳亮丽的对比色，这样染好的布料颜色会非常有冲击感，让人眼前一亮。

橄榄球争夺战

我经常和同学一起去操场上来一场“橄榄球争夺战”。我们把操场分成 3 个区域，进攻方占领 2 个，防守方占领 1 个。比赛开始后，进攻方的队员相互传球，防守方的队员则依次进入球场进行拦截。如果防守方拦截成功并把橄榄球扔进防守区域，就是防守方获胜；如果进攻方把球传入了进攻区域，就是进攻方胜利。

博物馆里的昆明印象

在大大小小的博物馆里和百花争艳的街头巷尾，藏着昆明 2000 多年来的风雨历史，我们一起去看看吧。

云南省博物馆

昆明最值得游览的博物馆当数云南省博物馆。云南省博物馆 1951 年就成立了，收藏着 20 多万件（套）文物，其中许多都是滇文化的独特见证。学校曾经组织我们集体参观，我看到了著名的战国牛虎铜案。它的造型是一只老虎紧紧咬住一头母牛的尾巴，而在母牛肚子下面，躲着一头安然无恙的小牛。老师说，这个 2000 多年前的古滇国青铜器是用来摆放祭肉的。

在昆明北站，只要花 1.5 元钱就能买到一张米轨火车票，乘坐它到十几千米以外的郊区游玩，傍晚再乘坐它返回。这种小火车不仅行驶缓慢，还会发出电视里那种“哐——哐——”的前进声和“呜——呜——”的汽笛声。除了米轨火车，我们这里还曾经运行过轨距小于 1 米的寸轨小火车，现在大多废弃了。

云南铁路博物馆

“云南十八怪，火车不通国内通国外。”这一“怪”说的其实是 1901 年开始修建，1910 年建成的滇越铁路。这一段铁路原本是法国为侵略中国而强行修筑的铁路，从昆明通到越南海防。在抗日战争时期，滇越铁路成为中国唯一能和外国盟友们联系的铁路运输线。1942 年，中国收回了中国境内的昆明到河口段，称为昆河铁路。现在，在这条铁路的起点上修筑了一座云南铁路博物馆，这里同时也是昆明北站。

2020 年暑假，我和同学们一起参观了这座博物馆。在这里可以了解云南铁路的发展历史，还能看到许多造型各异的火车头。我最难忘的是时尚可爱的“米其林号”，它的轮子是和汽车一样的充气橡胶轮，据说速度可以达到 100 千米 / 小时。

云南映象

如果有同伴来昆明，我一定会带他到云南映象大剧院欣赏《云南映象》。这是著名舞蹈家杨丽萍老师花了 3 年时间，走进云南许多少数民族地区采风、整理，费尽心力编排的歌舞表演。《云南映象》通常每晚都要表演一场，佤族姑娘们的甩发舞、基诺族的太阳鼓、彝家打鱼时唱的“海菜腔”……每一段歌舞都迸发着勃勃的生机。就算是土生土长的昆明人，也都会被其中丰富的民族元素和壮丽的舞蹈表演所震撼。

哪里都离不开鲜花

昆明到处都离不开鲜花，我们不仅赏花、吃花，还会用鲜花做各种小玩意儿。2020 年秋天，学校就组织我们和爸爸妈妈到西山脚下的一个农庄，认识各种香草和鲜花，学习用鲜花做菜、做手工。孩子们自己动手制作了香草蜡片和鲜花香皂，大人们则学习了怎么萃取精油。游览结束后，庄主还为我们精心准备了丰盛的香草午餐，每道菜都有不同的香草风味。我最喜欢的是用迷迭香和黄油做的炸洋芋（土豆），好吃极了！

探索云南大学

云南大学是昆明的骄傲，也是昆明最重要的文化象征之一。云南大学在 1922 年就创建了，那时它被称为“东陆大学”，1934 年才改成现在的名字。这所在民国时期建成的高校，是中西合璧的建筑典范：朱红的古典砖墙、青灰色的钟楼和白色的罗马柱子，在圆通山和翠湖的拥抱中相映成趣。我们经常在美丽的校园中散步，看松鼠在树枝间追逐跳跃，观赏至公堂、贡院、钟楼等标志性建筑。其中著名的会泽院是创校时建的，整体为巴洛克风格，楼梯和花纹又有中国传统特色，是学校内非常重要的建筑。

重走茶马古道

茶马古道是可以与丝绸之路相媲美的中国古代商业路网，是古时中国西南地区最重要的商路，从西南内陆一直通往雪山耸立的西藏和遥远的印度，从1000多年前的唐代起就是中华文明传播的走廊。昆明正是茶马古道的起点之一。

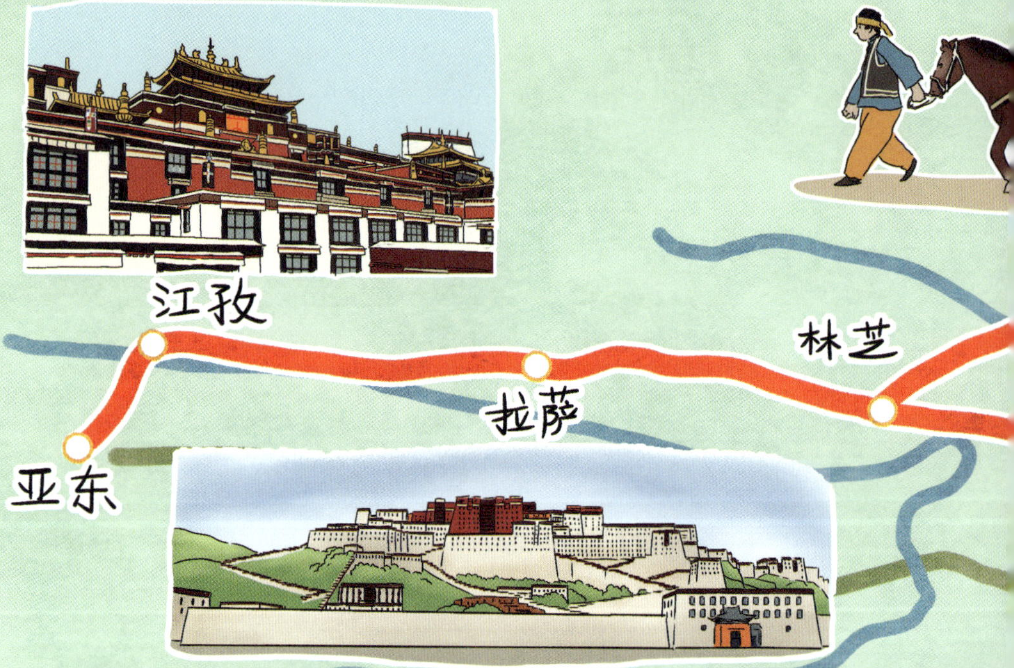

茶马古道

茶马古道源于唐宋兴起的“茶马互市”，主要分滇藏和川藏两条线。因为藏族人民常吃糌（zān）粑、牛肉、羊肉等不易消化的食物，而当地不产蔬菜，需要酥油茶帮助解腻，内地则需要大量骡马，正好西藏盛产良马，这条交易线便应运而生。

千万不要以为茶马古道只是一条贸易通道。要知道，对藏族人民来说，茶是一天都不能少的必需品，茶马古道把川茶送到了藏族人民手中，有效地打击了特殊时期外国侵略者控制西藏的图谋。如果没有茶马古道，外国控制了茶贸易，就相当于控制了整个西藏的经济。

拉萨

“拉萨”在藏语中有“圣地”的意思。这里日照充足，有“日光城”的美称，市内雄伟壮丽的布达拉宫相传是7世纪吐蕃首领松赞干布为迎娶文成公主而修建的。

茶马古道上的主要商品

茶叶、马匹、皮毛、药材、布匹、盐、日用器皿等。

日喀则

日喀则是西藏第二大城市。在藏语中，“日喀则”是“美丽的家园”的意思。马帮在这里翻过喜马拉雅山的垭口，西行前往尼泊尔、印度等国家。

崎岖鸟道锁雄边，一路青云直上天。
木叶轻风猿穴外，藤花细雨马蹄前。
山坡晓度荒村月，石栈春含野墅烟。
指顾中原从此去，莺声催送祖生鞭。

——舒熙盛《茶庵鸟道》

悬崖上的行路人

茶马古道路途艰险，不仅要经过无数大小雪山、绝壁深渊，还要面对强盗、瘟疫、大雪、饥渴等困难，加上货物杂多，单人匹马很难成行，相约同行的马帮就形成了。云南马帮主要有 3 种：第一种是家族式的，骡马都是家族所有，用家族的姓氏命名；第二种是由同村人或熟人组成的，每个人照顾自己的骡马，再由一位德高望重的人做“马锅头”负责决策，这种马帮被称作“逗凑帮”；第三种是由陌生人临时结成的，因为要走同一条道路，担心匪患才走到一起，没有固定的组织。

普洱茶

普洱茶是云南的特种名茶，也是茶马古道上滇藏地区最重要的货物。

普洱茶原产于普洱府（现在的普洱市一带），传说以前茶农们为防止茶叶在装运过程中被挤碎，会在上面喷洒清水保湿，在通过茶马古道运往西藏的几个月过程中，这些茶饼慢慢发酵，最终形成了普洱茶特有的风味。虽然如今交通已经非常便捷，但这种奇特的“后发酵”技术则作为普洱茶的核心工艺被保留了下来。

茶庵塘

茶庵塘是古代普洱府通往昆明的第一个驿站。这里峰危路险，难见天日，据说只有鸟儿才能飞过，所以也被称为“茶庵鸟道”。

三江并流

金沙江、澜沧江和怒江在云南省内并行奔流，然而江水却始终没有交汇。这种江水并流而不交汇的奇特景观被称为“三江并流”。

游山玩水在昆明

我最爱周末的时候和爸爸妈妈到老城区或周边的景点游玩啦！昆明山明水秀，气候宜人，有数不尽的好玩地方。你想感受地道的昆明生活吗？跟着我来准没错。

游滇池，爬西山

还记得孙髯翁笔下的“五百里滇池”吗？滇池在昆明西侧，老城区南端，是云南最大的淡水湖，被称为“高原明珠”。在滇池边，不仅能欣赏到西山映在滇池之中的倒影，还可以乘坐缆车，掠过整个湖面，再沿着几乎垂直的悬崖直接爬升到西山山腰。西山保存着著名的石雕工程龙门。这里的台阶、山洞、石刻都是古代石匠们用最原始的工具雕琢出来的。

时光的痕迹——昆明老街

听名字就知道，这是一条古色古香的街道。昆明老街从大理国时期就存在了，现在主要包含光华街、景星街和文庙直街等。这里有着许多承载昆明记忆的老建筑，比如昆明最早的药店福林堂中药行，国歌的曲作者聂耳出生时所在的双层木房子，保存完好的白族建筑“马家大院”，等等。逛累了还可以到建新园吃一碗过桥米线，在南城清真寺门口喝一杯木瓜水，或者在街边买一份爆浆豆腐解解馋。

昆明的眼睛——翠湖

翠湖公园可以说是昆明的地标了，它静静地躺在城市的中心，明媚清澈，连汪曾祺先生都称赞翠湖是“昆明的眼睛”。每年冬天，西伯利亚等地的海鸥都会成群结队地飞到昆明栖息越冬，直到北方转暖后才离开，所以这段时间也是翠湖公园最热闹的时候。

建在螺蛳壳上的官渡古镇

滇池东岸有一个美丽的小渔村，古代时路过的官船都在此停靠，所以被称为“官渡”。这里的先人以捕捞螺蛳为生，长年累月，螺蛳壳堆积如山，聪明的居民们就将它们与黏土混合，用于房屋和地基的建造。

正殿比大门还低的圆通寺

在市中心的圆通山下，有一座有1200多年历史的唐朝寺庙——圆通寺。这座昆明最大的寺庙不仅是中国最早的观音寺，设计风格和文化艺术也是特立独行：它是全国唯一一座正殿比大门还低的寺庙。经过正殿后再继续往前走，能看到有黄色尖顶的铜佛殿，这是东南亚地区的佛寺风格。寺庙东侧，还有一座藏传佛教的殿堂。一座寺庙竟然包含3种不同风格的佛教建筑，这在全世界都很少见。

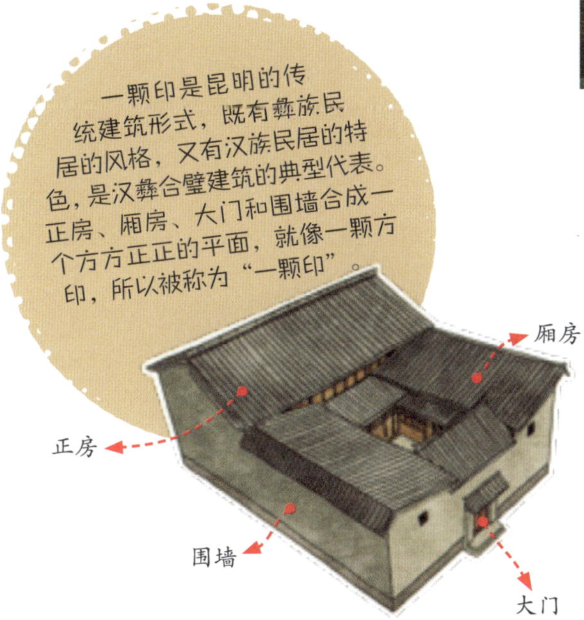

亚洲最大的鲜切花交易市场

斗南花卉市场可是昆明最大的特色之一。这里是亚洲最大的鲜切花交易市场，位于滇池东岸。每天下午四五点，花农们就开始摘取鲜花，赶在天黑前把它们运到这里。不只昆明人会光顾这里，全世界都从这里采购鲜花呢！每天凌晨，鲜花会从这里运到机场，再送到世界各地。

东寺塔和西寺塔

“城南双塔高嵯峨，城北千山如波涌。”这是明朝大诗人史谨描写昆明的诗句，其中的城南双塔就是东寺塔和西寺塔。这两座唐朝风格的佛塔顶端各有4只铜制金翅鸟，它们是空心的，传说在风吹过时会发出“喔喔”的鸣叫声。两座塔之间的石板路两侧，立着清朝时修建的古路灯，已经有100多年的历史了。

山岭雕刻——梯田

梯田是沿等高线方向修筑的条状或波浪式断面的田地，通风透光好，还能有效防止水土流失，有利于农作物的生长。秦汉时期，为了解决东南地区丘陵地形不适于种植水稻的问题，农民构筑了梯田，用一道道堤坝来蓄水，从而解决了当地的粮食问题。世界上许多地区都有梯田，沿着山坡向上层层分布。中国梯田则主要分布在江南山岭地区，广西、云南最多。

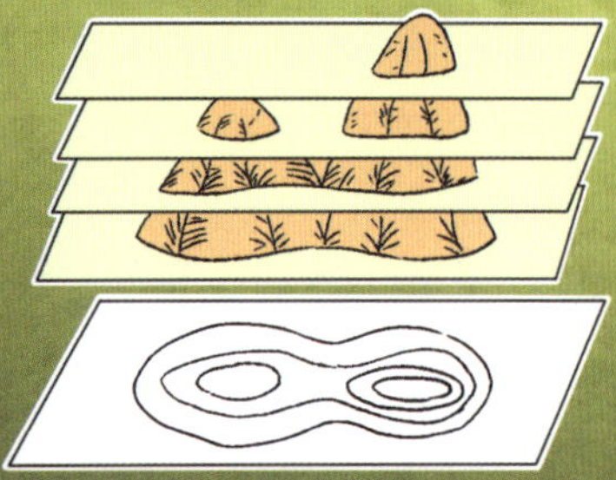

地图上地面高程相等的各相邻点所连成的曲线叫作等高线。梯田就像是山体被水做的平面切割而成。

元阳梯田

位于云南省元阳县的哀牢山南部，是红河哈尼梯田的核心区。2013 年，红河哈尼梯田被列入世界遗产名录，成为中国第 45 处世界遗产。

加榜梯田

位于贵州省黔东南苗族侗族自治州，梯田中散落着苗乡特有的吊脚楼。

龙脊梯田

位于广西龙胜各族自治县龙脊镇，梯田海拔最高 1180 米，最低 380 米。

紫鹊界梯田

分布在湖南省娄底市新化县西南部山区水车镇境内，是世界灌溉工程遗产，国家自然与文化遗产。

天下第一奇观——石林

石林是昆明最著名的自然风景区，享有“天下第一奇观”的美誉。四年级时我跟着爸爸妈妈游览后，就再也忘不掉这片独特的喀斯特地貌景观了。据说3亿年前，这里曾是汪洋大海，经过亿万年侵蚀才形成了这片造型独特的石头森林。

石林分为小石林、大石林、步哨山、李子园箐、万年灵芝等区域，每个区域无不石峰林立，造型特点又各有不同。勤劳的彝族人民世代生活在这里，留下了许多美丽的传说。

石林与喀斯特地貌

昆明的石林是一种典型的喀斯特地貌。“喀斯特地貌”来源于亚得里亚海岸的喀斯特高地，也称“岩溶地貌”，是由可溶性岩石（特别是碳酸盐类岩石，比如形成石林的石灰岩等）受含有二氧化碳的流水溶蚀，再加上沉积作用而形成的。

乃古石林

大小石林已经闻名天下，一年四季都游人如织，所以我们有时会去附近的乃古石林游玩，这里要安静得多。学校曾经组织我们去乃古石林春游，那里的石头造型与大小石林相似，但颜色却是灰黑色的，显得格外古朴和厚重。“乃古”在彝语中就是“黑色”的意思。乃古石林里有一片小湖和树林，老师和同学们在那里一起享用了各自从家里带来的午餐。饭后，同学们有的去爬山，有的在树下玩游戏，我则挂起了自带的吊床。午后躺在湖边的吊床上唱歌，真是令人难忘的快乐回忆。

石林马肉

石林有地道的彝族美食，尤其是“石林马肉”。马肉是游牧民族常见的食物，但如果没有厨师的精心料理，用马肉做出的菜会有一股奇怪的味道。石林地区的彝族厨师有着丰富的经验，他们会用马肉做火锅、炒菜、炖菜……味道鲜美，嚼劲十足。

大石林

在大石林中穿行，你一定会看到两个红色的石刻大字“石林”。这幅端庄严谨的书法作品，是爱国将领龙云书写的，后来被拓到了现在的位置。

阿诗玛的故事被一代代彝族人传唱。传说在石林地区曾有一位美丽善良、能歌善舞的少女阿诗玛。大财主热布巴拉的儿子阿支看上了阿诗玛，对阿诗玛多次威逼利诱，但阿诗玛从不屈服。恼羞成怒的阿支趁着阿诗玛的哥哥阿黑外出绑架了阿诗玛，阿黑闻讯后急忙赶到营救。阿黑和阿支比赛，勇敢聪明的阿黑赢得了所有比赛，救回了阿诗玛。然而，狠毒的热布巴拉父子趁着阿黑和阿诗玛过河时，放水卷走了阿诗玛。阿诗玛从此变成了一座石峰，永远立在了这里。

喀斯特博物馆

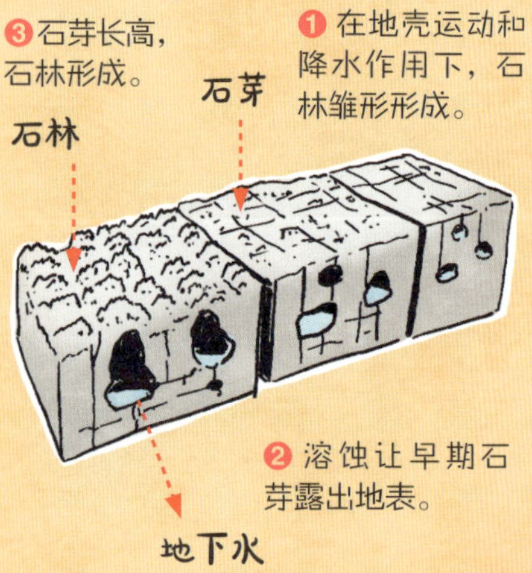

我们都知道“滴水穿石”，其实自然界中绝大部分岩石是不可溶的。但石灰岩中的碳酸钙在水和二氧化碳的作用下，会被溶解、侵蚀，加上地壳运动，就慢慢形成了丰富多样的喀斯特地貌。

石林

陡峭石峰林立的一种石灰岩地貌。在高温多雨地区，由水流沿石灰岩地层中的垂直裂隙溶蚀而成。

代表：云南路南石林、重庆万盛石林、湖南古丈红石林、广西贺州玉石林、贵州思南石林等。

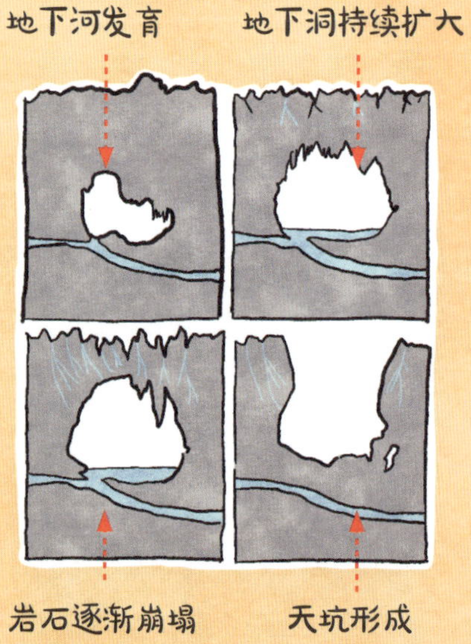

天坑

一种由地下河冲蚀出地下洞穴后地表塌陷形成，一种由地表水的冲刷侵蚀形成。

代表：重庆小寨天坑、广西巴马天坑、重庆武隆后坪天坑群、贵州打岱河天坑群。

溶洞

地下水沿着可溶岩层层面节理或裂隙进行溶蚀，不断扩大而形成的岩石空洞。溶洞里的石笋、钟乳石、石柱是碳酸钙从水中析出，日积月累沉积下来的结果。

代表：贵州双河溶洞、贵州织金洞、重庆芙蓉洞、湖南黄龙洞等。

贵州双河溶洞

峰丛、峰林

由降雨、河流、地壳抬升等作用共同塑造而成。峰丛的石峰更密集，而峰林的峰与峰之间距离较远。

代表：贵州兴义万峰林、广西桂林山水等。

广西桂林山水

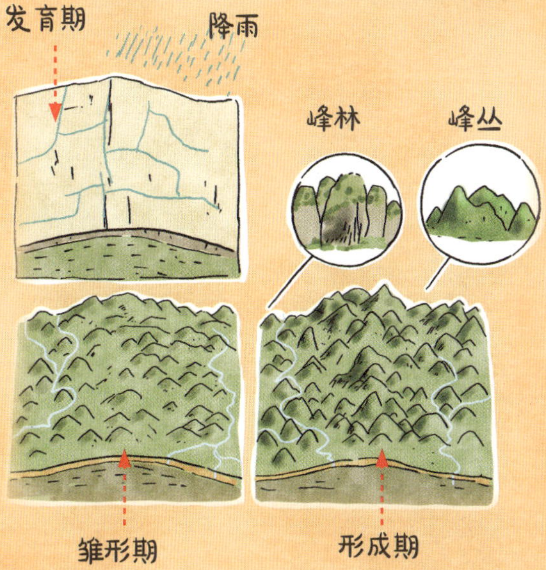

峡谷

地壳运动导致局部地壳抬升，河流位于抬升地区的部分与其他部分形成落差，就会不断切割、侵蚀河床，峡谷就慢慢形成了。

代表：贵州万山夜郎谷、贵州北盘江大峡谷等。

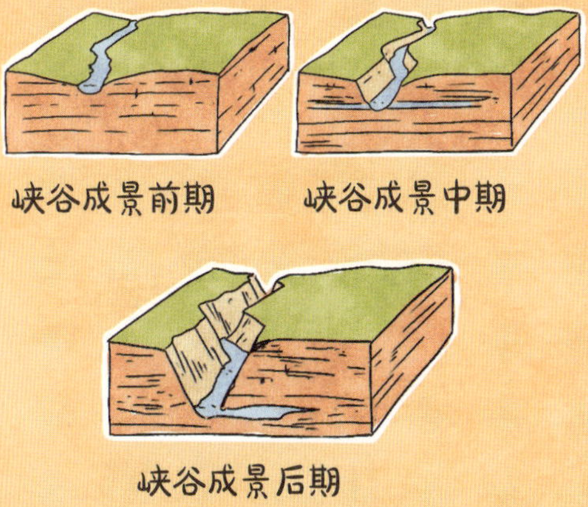

贵州万山夜郎谷

多姿多彩的节日

昆明生活着许许多多的少数民族，所以每年都会举办各种不同的活动，庆祝富有特色的民族节日。快来跟我一起参加吧！

火把节

每年农历六月二十四日，彝族的村镇里便会开始举行持续3天的火把节狂欢，爸爸妈妈也带我到石林彝族自治县参加过。夜幕降临后，我们在彝族领舞者的带领下，围着篝火随歌起舞。还可以买根火把和一些松香粉，用手抓起松香粉撒在火把上，就会“轰”的一声冒出一大团火，像魔法师在施法一样。当我们围绕着火把堆快乐玩耍时，警察叔叔们就在旁边守护着我们的安全。

泼水节

泼水节是傣族的新年，也是傣族一年中最盛大的节日了。每年这几天，傣族的男女老少就穿上传统的服装，用清水相互泼洒，彼此祝福。传说很久以前，统治傣族的火魔被杀死后，头滚到哪里，哪里就会着火。为了不让人民遭受迫害，7位勇敢的傣族姑娘轮流抱住魔头，相互泼水冲洗，直到魔头化为灰烬。傣族人为了纪念她们，便在新年相互泼水祝福。2018年，我和同学们一起参加了云南民族村的泼水节活动，开始时大家只是温柔地相互洒水，很快就变成了打水仗，所有人都被浇得湿漉漉的，痛快极了。

重阳节

每年重阳节，“老昆明”们便会“螺峰登高，饮菊花酒，酬馈花糕”。螺峰其实就是圆通山，长辈们喜欢在这天约上老朋友一起爬山，彼此分享重阳糕、菊花酒等美食。重阳节原本有驱赶瘟疫、避灾避祸的意义，现在则成了家人与朋友相聚的日子。不仅如此，对昆明人来说，重阳节也是“重九起义”的纪念日。1911 年农历九月初九，蔡锷和唐继尧在昆明北教场起义，推翻了清王朝在云南的统治。这是一段让我们非常自豪的历史！

三月三，耍西山

每年农历三月初三，不同民族的人会穿着传统的服装，成群结队登上西山，唱山歌、跳花灯、对小调……这就是昆明每年春游宴饮的传统活动啦。“三月三，耍西山”，这天也被称为“上祀节”。在上山的道路两旁，还能看到琳琅满目的民族工艺品，还有非常地道的昆明美食哟！

“上刀山，下火海”

每年农历二月初八，在民族村，你能观赏到傈僳族人“上刀山，下火海”庆祝刀杆节的盛况：在鞭炮声中，表演的勇士们会光着脚跳过烧红的木炭；接着，几个光着脚的勇士，走到用 36 把或 72 把长刀架起的“楼梯”前，纵身跃起，“嗖嗖”爬到顶端。据说，刀杆节是傈僳族人纪念对他们有恩的古代汉族英雄的传统节日；也有人说，傈僳族人相信，经过火的洗礼，新的一年里就不会有灾难了。

年三十，铺松毛

“铺松毛”是我们这里特有的年俗。在三四十年前，昆明人生活还很拮据，大年三十连板凳都凑不够，便摘下青松针厚厚地铺在地上，所有人席地而坐，聚在一起吃年夜饭。如今不再缺椅子，但这个习俗仍然保留了下来，还有了新的寓意——用松毛藏住好运！但小朋友可不管这么多，我们在上面爬行、打滚、相互打闹，真是开心极了。

昆明的历史名人

曾经的昆明风云际会，无数仁人志士在这里留下了感人的故事，成为昆明独特的城市名片。

大文学家杨慎

你听过这首歌吗？“滚滚长江东逝水，浪花淘尽英雄。是非成败转头空，青山依旧在，几度夕阳红。”这首《三国演义》的卷首词就是明朝大文学家杨慎作的。杨慎是明代三学子之首，博览群书，23岁便中了状元。明世宗时，杨慎获罪被流放到云南。他的足迹遍布云南，传播中原文化，对云南地方文化的发展有非常重要的贡献。他在昆明写下了“天气常如二三月，花枝不断四时春”的诗句，是第一个将昆明称为“春城”的人。

爱国斗士闻一多

闻一多先生是著名的爱国诗人，他本名叫闻家骅，写下了《红烛》《死水》等爱国诗篇。闻一多曾经在清华大学任教，抗日战争爆发后，他随校来到昆明，担任西南联合大学的教授。后来，他还积极参加反对独裁、争取民主的斗争。在昆明大学的至公堂，闻一多先生发表了《最后一次演讲》，痛斥国民党镇压学生爱国运动，暗杀李公朴先生。在回家的途中，闻先生就遭到了国民党特务的伏击，不幸遇难。他遇难的地方是西仓坡的一条小巷，人们为他在那里立了一块碑。每次从那里经过，我都能看到纪念他的人们留下的鲜花。

七次下西洋的郑和

郑和是中国历史上有名的航海家，“郑和下西洋”的壮举，不仅增强了中国和外国的联系，也开阔了国人的眼界。明朝初年，他出生在滇池畔的昆阳，就是现在的昆明市晋宁区。在明成祖朱棣的命令下，他7次率领庞大的舰队远航到东南亚和东非等地的30多个国家和地区，最远曾经到达过非洲东岸和红海海口。他的航行比哥伦布的航行早了半个世纪以上，是地理大发现以前世界上规模最大的海上探险活动。

数学家熊庆来

熊庆来先生出生在云南省的一个小村子，他通过自己的努力公费到欧洲留学，学习生活极其自律。熊庆来不仅是著名的数学家，而且培养出了一大批人才：在清华大学担任数学系主任时，熊庆来破格录用了当时只有19岁的华罗庚，给了华罗庚很多指导和帮助；他本身并不富裕，却资助严济慈、刘光等贫苦学生，甚至典当了自己的外套，后来这些学生都成了著名的科学家。成为云南大学的校长后，熊先生将原本简陋落后的学校发展成了当时国内少有的综合性大学。

资深昆明美食家汪曾祺

汪曾祺先生不是昆明人，但他对在西南联大求学的7年时光始终难以忘怀。他的许多作品记录了昆明的风景、趣闻和风俗，比如《昆明的雨》《翠湖心影》《泡茶馆》《昆明菜》等。说起美食，汪先生称得上是昆明最资深的美食家了。他钟爱汽锅鸡，尤其对“在正义路近金碧路的路西有一家专卖汽锅鸡”的店赞不绝口。他甚至断言：如果全国各种做法的鸡进行比拼，拿金牌的应该是昆明的汽锅鸡。

国歌的作曲者聂耳

创作了国歌《义勇军进行曲》的音乐家聂耳就出生在昆明。聂耳小时候叫聂守信，他对音乐特别敏感，人们都说，只要从他耳朵里听进去的，他都能从嘴巴里唱出来，所以大家就给他取了个外号叫“耳朵”，他索性就把名字改成了“聂耳”。除了《义勇军进行曲》，聂耳还创作出了《前进歌》《新女性》等30多首歌曲，表现了中国人民对苦难的英勇抗争。

你会说昆明话吗

昆明在中国的西南方，但方言却以东南方言为基础，又包含着北方的腔调，这是为什么呢？让我来告诉你吧！

昆明方言的特点

今天的昆明方言，是在明朝初年逐渐形成的。来自江苏、江西等地的军民进入云南后，他们使用的方言和云南本地的方言结合，形成了以江淮方言为基础的汉语方言，所以北方人也比较容易听懂。不过，昆明话和普通话也有比较明显的差异，比如不分前后鼻音：“民”与“明”、“亲”与“清”、“汤”与“滩”的读音都一样。而在一些汉族和少数民族长期杂居的老昆明地区，还会出现“省音”的情况，比如把“生抽”念作“涩抽”，把“老师”说成“老斯”，等等。

昆明方言里的民族元素

昆明话属于汉语官话的一支，与普通话相似。但有趣的是，昆明话又融合了很多民族元素和本土故事。比如我们会把肉叫作“嘎嘎”，用“呜噜摆徕”形容一个人话多，用“麻撒点”形容很少：这些其实都是少数民族语言。

表达生动的昆明话

昆明话的音调听起来很重，常让人听后忍俊不禁。比如惊讶的时候会感叹“埋埋散散”，询问对方在做什么叫“整哪样”，生活拮据叫“沟松底漏”。另外，昆明人关于颜色的形容词也极为独特，还自带节奏感，比如白普普、红丢丢、蓝茵茵、黄酿酿、绿茵杆瞎、灰不噜出、黑不隆咚、黑漆麻古洞等。

跟我学几句地道的昆明话吧！

昆明话　普通话

板扎——好

克——去

给——怎么样

太勺了——太有趣了

嘿人——吓人

打失得——不见了

肿脖子——吃饭

子弟——帅

太雀啦——太有意思了

（本页方言多为音译，不以其文字为准）

用手机扫一扫，
听听他们在说什么吧！

（本页普通话翻译多为意译，非逐字逐句翻译）

墉墉：妈妈，今天能不能带我出去玩？

妈妈：可以呀！你想去哪里？

墉墉：我想去圆通山看大老虎和狮子。

妈妈：哎呀！那些动物太吓人了，去翠湖喂海鸥怎么样？

墉墉：好嘛，那喂完海鸥能不能去吃碗豆花米线？

妈妈：没问题，再给你买两个你最喜欢吃的土豆饼。

墉墉：太好了，谢谢妈妈。

妈妈：不用客气。

鲜美天然的滇菜

受到独特的民族、地理和动植物等环境因素影响，滇菜的食材和烹饪方法都独具一格。让我们一起来品尝一下吧！

丰富美味的滇菜

云南20多个少数民族的独特烹饪方法和得天独厚的丰富食材，造就了滇菜鲜美天然、层次丰富的独特风味。滇菜主要有4种不同的风味：滇东北地区的彝族风味、滇西地区的白族风味、滇南地区的傣族风味，以及滇中地区兼容并包的饮食风味。昆明菜就属于滇中地区的滇菜。

天下第一的汽锅鸡

汪曾祺先生称赞昆明的汽锅鸡该拿金牌，我们当然非常赞同了。汽锅鸡就是用蒸汽锅做的鸡肉，它的用料可大有讲究！首先，汽锅要选用四大名陶之一的建水陶制成的，锅的中间有根空心管。把汽锅放到盛水的砂锅上，汽锅里是不加水的，加热后砂锅里的蒸汽会顺着管道进入汽锅，鸡肉全由蒸汽蒸熟，鸡汤也全部来自蒸汽。其次，汤里要加入云南特产的三七、虫草、天麻等，熬出来的鸡汤才会甜美可口。

云南有一种米线叫过桥米线，传说是一位书生的妻子发明的。因为她在给丈夫送饭时要经过一座桥，所以把这种米线叫“过桥米线”。也有人说，因为把米线放入汤中时，米线在两碗间架起了一座桥，所以才叫作“过桥米线”。

米线是最接地气的食物

昆明最常见的早餐莫过于各式各样的米线。昆明的米线有粗米线和细米线两种。粗米线是用发酵过的大米制成的，爽滑劲道，还有微微的酸味，因此也被称为酸浆米线，最受我们喜爱了。细米线则是用大米直接制成的，味道清淡，口感实在，也被称为干浆米线。制作地道的粗米线有一个秘诀：一定要用本地的矿泉水。

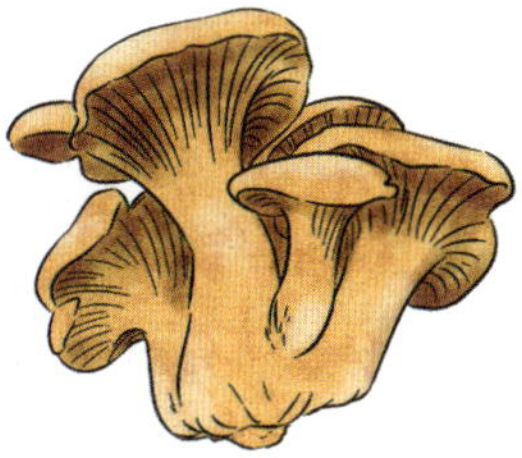

造型各异的野生菌

不吃菌子就不算来过云南。云南的可食用野生菌有 200 多种，被誉为“真菌王国”。汁水像牛奶一样洁白的奶浆菌、戴着绿色小帽的青头菌、干巴菌、松茸、牛肝菌、鸡纵菌等，每一种都非常鲜美。不过千万得注意，随便吃菌子很危险，很多野生菌是有毒的！

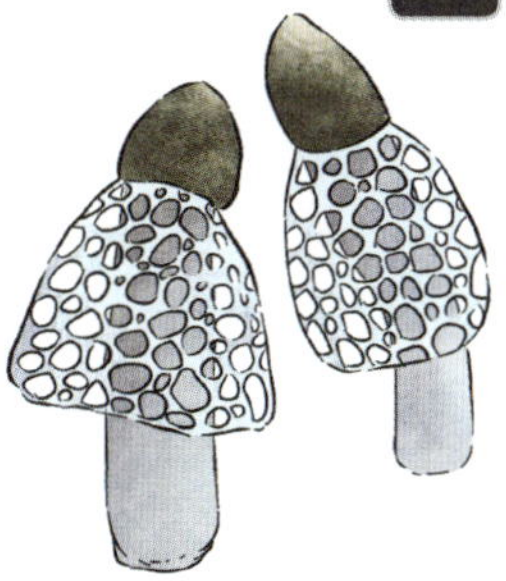

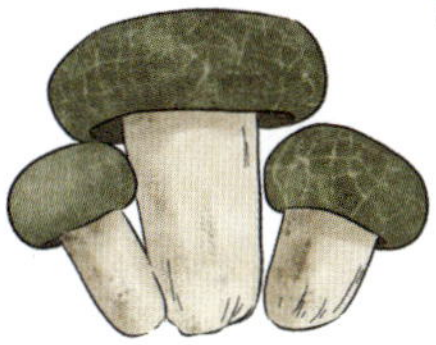

滇菜不仅食材多，餐具的材质也多得数不清。云南可是著名的有色金属之乡，这里的餐具也是一道独特的风景。竹筒、粽叶、陶罐、铜盘……各种材质的餐具造型奇特，连菠萝都能被做成餐具！

你知道几种土豆的吃法

在我们的方言中，土豆叫“洋芋”。我们常说：“吃洋芋，长子弟。”意思就是喜欢吃土豆的人长得也好看。说起洋芋的吃法，真是数不胜数。放学的时候，我和同学们总会成群结队地到小吃店买炸洋芋、凉拌洋芋和洋芋粑粑（土豆饼）。去餐馆吃饭，干焙洋芋、青椒洋芋和老奶洋芋也是少不了的菜。平常在家，昆明人也会拿几个洋芋出来，烤熟了蘸辣酱或辣椒面吃。这里的洋芋有多少种吃法呢？没人统计过，或许也根本数不清吧！

层层叠叠的破酥包子

你肯定吃过包子，但你吃过破酥包子吗？破酥包子用烂面（就是用老酵和的面，发酵时间久，松软多孔）做皮，擀面皮时还要涂上一层猪油。做熟的包子皮酥软可口，掰开时可以看到包子皮一层层地分开。传说破酥包子的发明人赖八做的包子摔到地上会摔得粉碎，所以人们给了这种包子“破酥”的美名。

来自御膳房的臭豆腐

在昆明，有上百种吃豆腐的方法！这里的豆腐有臭豆腐、包浆豆腐、水豆腐、白豆腐等，我最喜欢的，是呈贡区的臭豆腐。这里的臭豆腐闻着臭，吃着却很香。连康熙皇帝都被它的味道折服了，还给它取了一个名字“青方”，把它列为御膳房的小菜。

欢迎来我家做客

欢迎你来我的家乡做客！我给你沏好了普洱茶，备下了滇八件，吃饱喝足后我们一起去泡温泉呀！

来杯普洱茶

如果家里来了客人，我们一定会沏一壶普洱茶。普洱茶分为生茶和熟茶，你知道它们的区别吗？其实，它们之间只差了一道“渥堆”的发酵工艺，就是给茶叶洒上水后用布盖住，让茶叶发酵变“熟”。你也可以根据茶的汤色分辨它们：生茶的茶汤是浅黄色的，口味清香回甘；熟茶的茶汤是栗红色的，口味温润醇厚。

滇八件

提起昆明的点心，很多人会立马想到玫瑰酥或鲜花饼，但其实这只是“滇八件”点心中的一种。滇八件一共包括硬壳火腿饼、洗沙白酥、水晶酥、麻仁酥、玫瑰酥、五仁酥、鸡㙡酥和火腿大头菜酥 8 种点心。我们尤其喜爱硬壳火腿饼，它又被称为“云腿月饼”，是用熏腌蜜制的宣威火腿制成的，味道甜咸适中，每一口都回味无穷。

昆明酸腌菜，云南人最爱

酸腌菜是昆明人家常必备的咸菜，食欲再差，只要夹一筷子就能拯救胃口。每年冬天，我们家会把苦菜洗干净、挂起来，晒干后加入粗盐、辣椒、料酒等各种作料，再放到陶制腌菜坛里腌制，1 个月后就可以吃了。酸腌菜可以直接下饭，也能做成酸菜鱼、酸汤鸡、酸菜炒肉、酸菜凉米线等。我最喜欢妈妈做的酸菜红豆汤，用来泡饭太好吃了！

中国咖啡之乡

除了普洱茶，昆明人还特别喜欢喝咖啡。中国产的咖啡几乎全部是云南种植的，包括爸爸妈妈经常喝的星巴克和雀巢咖啡。我们家里就有许多冲煮器具和不同品种的咖啡豆，每次有客人来，爸爸都会冲煮咖啡请大家品尝。其实，咖啡并不是只有苦味，优质的咖啡豆包含着不同层次和风味，比如水果味、花香味、巧克力味、坚果味等，轻轻一嗅就能感觉出来。

烧饵块

饵块是云南特有的小吃，外形和口感与糍粑很像。不过糍粑是用糯米做的，饵块则是用大米做的。一定要选择既清香又有黏性的大米，洗干净后放到木甑里蒸到六七分熟，取出来反复舂打，直到结成块状，然后把它们揉成各种形状。每天早晨，楼下都有人推着小车卖烧饵块。把薄饵块放到炭火上烤到略带金黄，再加入配菜和油条，抹上自己喜欢的酱料，卷起来握在手里，就可以边走路去学校边吃了，真是方便又美味。

在森林里泡温泉

吃了点心喝过茶，我们一起去泡温泉吧。螳螂川峡谷中的森林里藏着被称为“天下第一”的温泉呢。这些泉水在山谷中像一块块玉石，所以也被称为“碧玉泉”。连中国古代著名的旅行家徐霞客都不禁感慨：“余所见温泉，滇南最多，此水实为第一池。”

昆明是世界有名的鲜花产地，人们不仅在家里插花种花，还特别喜欢吃花，比如茉莉花炒蛋、南瓜花炒火腿、素炒苦菜花都是这里的名菜。有朋友来昆明做客，我们也会准备一些美味精致的鲜花饼作为伴手礼。这里可以吃的鲜花有300多种，就算每天吃一种都能吃一年呢！

来碗木瓜水

木瓜水虽然名字中有“水”，实际上却是一种冰粉，这也是我和同学们最喜欢的夏日食品。小吃店就能买到好吃的木瓜水，当然也可以在家自己做。先用纱布包住“木瓜籽”在水里用力搓，用力揉！接着，像做豆腐一样加入一小碗石灰水，在冰箱里放2个小时，就形成了晶莹爽滑的木瓜水。注意呀，我们平常说的“木瓜籽”其实是一种叫“假酸浆”的植物的籽，不是我们平常吃的木瓜的籽。

墉墉和特特的菜谱

我们会做几道非常开胃的家常菜，比如特别适合用来拌饭的红三剁和老奶洋芋。你或许从未听说过，但我保证非常地道好吃！

传统红三剁

红三剁是滇菜中特有的快手菜。西红柿汁的酸味、尖椒的辣味，再结合肉末的香味，拌到米饭里保证让你胃口大开。

主料： 里脊肉、西红柿、红尖椒、青尖椒

辅料： 生姜、大蒜、料酒、水淀粉、盐、食用油

操作步骤：

1. 将里脊肉切成末，加入盐、水淀粉、料酒后拌匀备用。
2. 红尖椒和青尖椒洗净后切碎备用。
3. 将西红柿去皮、去籽后切成小块。
4. 将生姜去皮后切末，大蒜去皮后捣碎。
5. 在炒锅中加入少许食用油，当油约七成热时放入姜末爆香；再加入准备好的肉末，翻炒至八分熟，盛到盘子中备用。
6. 在炒锅中加入少许食用油，当油约七成热时放入蒜泥爆香，再放入西红柿和盐。当西红柿炒出汁后，加入红尖椒和青尖椒继续翻炒，直到辣椒没有生味。
7. 加入炒好的肉末，翻炒均匀后即可装盘食用。

1. 给西红柿去皮时，用刀在西红柿上划十字形的刀口，放到热水里稍微煮一会儿，皮会自己翘起来，轻轻一撕就全部掉了。
2. 红三剁有个孪生兄弟叫“黑三剁”，同样可口下饭，只需要将一部分尖椒替换成黑色的大头菜丁就可以了。

老奶洋芋

云南人说，用这种方法做出来的洋芋口感绵软，连没有牙齿的老奶奶都咬得动，所以被称为“老奶洋芋”。

主料： 洋芋

辅料： 干辣椒、酸腌菜、葱花、大蒜、胡椒粉、食用油

操作步骤：

1. 将洋芋洗净，连皮放入水中煮到软糯后取出，去皮。
2. 将洋芋切成大块，放入碗中捣碎，直到其中约三分之二变成泥。
3. 将干辣椒、大蒜、酸腌菜分别切碎后备用。
4. 在炒锅中加入少许食用油，当油约七成热时放入蒜和干辣椒爆香，再加入酸腌菜翻炒均匀。
5. 加入准备好的洋芋泥、少量水和胡椒粉，翻炒至均匀入味。
6. 加入葱花后即可出锅装盘。

1. 与普通的土豆泥相比，老奶洋芋最大的特色就是洋芋没有被完全捣碎，其中保留的小块洋芋能带来奇特的口感。
2. 云南酸腌菜是制作老奶洋芋重要的食材，一定不能少啊！

1

2

5

6

9

10

3
仁威之殿
太和宫

4
碧雞

7

8
忠愛

11

12

1

小石林

小石林是石林景区的主要区域之一，里面石峰挺立，又将小石林分成了许多园林。这里又被称为“阿诗玛景区”，因为传说中阿诗玛化成的石峰便立在这里，是小石林中最著名的景点。在小石林的玉鸟池边，你便可以看到它了。

2

滇池

滇池还有一个名字叫昆明湖，是云南省的第一大湖。滇池是由于地震断层陷落形成的，盘龙江是注入滇池的最大水系，滇池水则在西南螳螂川泄出。这里风景如画，西山、翠湖、海埂公园、大观楼等众多美丽的景观都环绕在滇池畔。

5

陆军讲武堂

翠湖畔的云南陆军讲武堂是中国近代史上最著名的军事院校之一，它与天津北洋陆军讲武堂、东北奉天讲武堂并称“三大讲武堂”。云南陆军讲武堂于1907年创办，为后来护国运动、抗日战争、解放战争等培养出了大批军事骨干，被朱德称为“革命熔炉”。

6

云南美术馆

云南美术馆成立于1984年。这里曾经是云南省博物馆的旧馆区，主楼7层，两翼3层，入口前12根粗壮的圆形大柱造型别致，黄色的楼体非常引人注目。云南美术馆中收藏着许多具有民族特色的作品，是了解云南传统艺术的绝佳去处。

9

抗战胜利纪念堂

昆明市中心的抗战胜利纪念堂被昆明人称为“胜利堂”。胜利堂所在的地方原本是明代黔国公沐氏的国公府；清朝时改建为总督署；1944年，这里开始改建，原本计划建成“志公堂”，后来改为“中山纪念堂”；而到1946年纪念堂落成时，正式定名为“抗战胜利纪念堂”。

10

近日楼

近日楼原本是昆明老城的南城楼，名为丽正门，被老昆明人誉为“接近太阳的高楼”。清代云贵总督来到昆明后，将丽正门改为近日门，门上的城楼也被称为近日楼。近日楼曾经是昆明的主要商业中心，大量货物在这里集散。后来为了拓建城内道路，近日楼被拆除，并在距离原址900米左右的地方重建。

3

太和宫金殿

太和宫金殿掩映在鸣凤山的密林之中。因为主殿里的斗拱、梁柱、屋檐、神像、桌案等都是用黄铜铸成的，在阳光的照耀下耀眼夺目，金光灿灿，在幽谷深林中格外美丽，所以被称为“金殿”。

4

金马碧鸡坊

金马碧鸡坊可以说是昆明的标志了。两座牌坊立在繁华的金碧路上，东坊因为东郊的金马山得名“金马坊”，西坊因为西郊的碧鸡山得名“碧鸡坊”，合称“金马碧鸡坊”。传说每隔60年，太阳、月亮和地球运行到特定的位置时，太阳的余晖和月亮的光芒会使两个牌坊的影子逐渐靠近，最后相互交接，形成“金碧交辉”的奇特景象。

7

九乡风景区

九乡风景区在昆明市宜良县，以奇诡的溶洞景观为主。九乡拥有上百座大小溶洞。这里的溶洞主要发育于6亿年前的震旦纪，是国内规模最大、数量最多、溶洞景观最奇特的洞穴群落体系，被称为“溶洞博物馆”。这里还保存着众多被称为“史前奇观”的古海洋微生物化石。

8

忠爱坊

元朝大臣赛典赤·赡思丁治理昆明时大力兴修水利、垦殖土地，带来了前所未有的繁荣。今天的昆明市，就是在他当年所带领建设的老城的基础上逐步蜕变而成的。他去世后，人们悲痛万分，为他修建了一座牌坊，纪念他“忠于君而爱于民”，这正是现今矗立于热闹城区中的“忠爱坊”。忠爱坊和著名的金马坊、碧鸡坊构成了一个“品”字，被昆明人合称为“品字三坊”。

11

瀑布公园

昆明瀑布公园是国内最大的人工瀑布公园。这座公园是牛栏江引水入滇工程的入滇水口，利用地势高差建成了宽幅约400米的人工瀑布。在瀑布的前方还有一座观景桥，站在桥上，可以近距离感受水流直冲而下的震撼。

12

昆明动物园

昆明动物园位于圆通山，是昆明小朋友特别喜爱的去处。这里不仅有人见人爱的大熊猫、狮子、羊驼，还有许多“动物王国”云南独有的动物，比如滇金丝猴、黑尾蟒等。圆通山上有一大片樱花林，到了3月樱花盛放的时候，满山芳菲，吸引着大家前来赏景。

附录

图片版权说明

全书图片的版权说明如下：

· P9 左中（自己动手做扎染）、右中（橄榄球争夺战），全权提供；

· 其他图片来自“图虫创意”图库网站（上海图虫网络科技有限公司）。

加入阳光秀美童书书友会

扫一扫，加入阳光秀美童书书友会

只要完成以下两步，就能第一时间获得最新书讯和活动消息！

1. 扫二维码，关注阳光秀美童书馆公众号；

2. 成功关注后，发送您的微信号，就能敲开童书馆的大门！

更多亲子课堂、好书分享等你来哟！

“去旅行”系列大家庭

“去旅行”系列由中法合作，以不同国家和城市的日常生活为切入点，介绍英国、德国、日本、印度、葡萄牙等6个国家，及北京、广州、贵阳、重庆等国内9个城市，内容涵盖文化、生活、教育等方方面面。最新版本加入6个新的特色城市，并采用新的形式、新的包装，是一套绝佳的综合性儿童知识百科书。

人文知识 | 语文诗词 | 历史典故 | 地理常识

- 英国
- 美国
- 德国
- 意大利
- 西班牙
- 日本

- 俄罗斯
- 印度
- 挪威
- 葡萄牙
- 摩洛哥
- 塞内加尔

- 贵阳
- 重庆
- 苏州

- 北京
- 杭州
- 哈尔滨
- 广州
- 成都
- 西安

建筑奇迹 | 风土人情 | 饮食文化 | 方言精髓

跟我游厦门

何柳惠 著
王梦珊 彭程远 绘

去旅行（中国版2）

广西科学技术出版社

图书在版编目（CIP）数据

跟我游厦门 / 何柳惠著；王梦珊，彭程远绘. —南宁：广西科学技术出版社，2021.10
（去旅行：中国版. 2）
ISBN 978-7-5551-1615-8

Ⅰ. ①跟… Ⅱ. ①何… ②王… ③彭… Ⅲ. ①厦门—概况—儿童读物 Ⅳ. ①K925.73-49

中国版本图书馆CIP数据核字（2021）第182895号

GEN WO YOU XIAMEN
跟我游厦门

何柳惠 著　　王梦珊　彭程远 绘

策划编辑：蒋　伟　王滟明　　　责任编辑：付迎亚　聂　青
责任审读：张桂宜　　　责任校对：张思雯
书籍装帧：于　是　　　内文排版：孙晓波
责任印制：高定军　　　视频制作：尹霄霄
营销编辑：芦　岩　曹红宝

出 版 人：卢培钊　　　出版发行：广西科学技术出版社
社　　址：广西南宁市东葛路 66 号　　　邮政编码：530023
电　　话：010-58263266-804（北京）　　　0771-5845660（南宁）
传　　真：0771-5878485（南宁）
经　　销：全国各地新华书店
印　　刷：雅迪云印（天津）科技有限公司　　　邮政编码：301500
地　　址：天津市宁河区现代产业区健捷路5号
开　　本：850mm × 1000mm 1/16
印　　张：2.5　　　字　　数：50千字
版　　次：2021年10月第1版　　　印　　次：2021年10月第1次印刷
书　　号：ISBN 978-7-5551-1615-8
定　　价：108.00元（全6册）

目录
CONTENTS

欢迎来到厦门

从高空中俯瞰厦门，蓝色与绿色在这里交织融合，整座城市像一座悬浮于海上的花园。这座别名“鹭岛”的城市，像是山与海的仙境。跟我一起来看看这座闽南特色城市吧！

大家好，我是爱南音的君君

大家好，我是厦门小导游君君，今年10岁，读小学四年级。我的爸爸是一名指挥家，妈妈是南音老师。妈妈说，南音保留了唐朝以前的古老唱法，是我们能听到的历史最悠久的传统音乐呢！我平常最喜欢做的事情就是到中山公园的南乐团，看妈妈和漂亮阿姨们一起排练。妈妈称我们是“南音二代”。

大家好，我是“航模大师”大杰

大家好，我是厦门小导游大杰，今年13岁，刚升初中一年级。我的爸爸是建筑设计师，妈妈是医生，他们平时都很忙，我一放学就到青少年宫上各种有趣的课。小学三年级的时候我喜欢上了航模，制作航模得动手又动脑。周末，爸爸妈妈会开车带我去东渡码头和五缘湾码头玩，看那些在海上徜徉的大船。我长大了要当航空母舰的设计师！

“下南洋”与“爱拼才会赢”

如果在20世纪90年代走进闽南人的家里或办公室，你会发现墙上大多挂着“爱拼才会赢”的印刷匾额或书法作品。“爱”在闽南语中的意思是“要”，“爱拼才会赢”是说“要拼搏向上才能取得成功”。闽南有句俗语是“艰苦头，快活尾”，我们相信只有前半生艰苦奋斗，后半生才能享受快乐。“爱拼才会赢”的精神在“下南洋”时期有很多体现，也成为流淌在闽南人血液中的时代精神。

中文名： 厦门
外文名： Xiamen，Amoy
别名： 鹭岛、嘉禾屿、中左所、思明州
行政区类别： 副省级城市
所属地区： 中国东南沿海地区
下辖地区： 6个区，分别是思明区、湖里区、集美区、海沧区、同安区、翔安区
地理位置： 福建省东南端
面积： 陆地面积约1700.61平方千米，海域面积约390平方千米
著名景点： 鼓浪屿、环岛路、万石植物园、胡里山炮台、南普陀寺、曾厝垵、鳌园、五缘湾等

注：本章的城市基本情况
各种信息均以2021年9月前信息为准

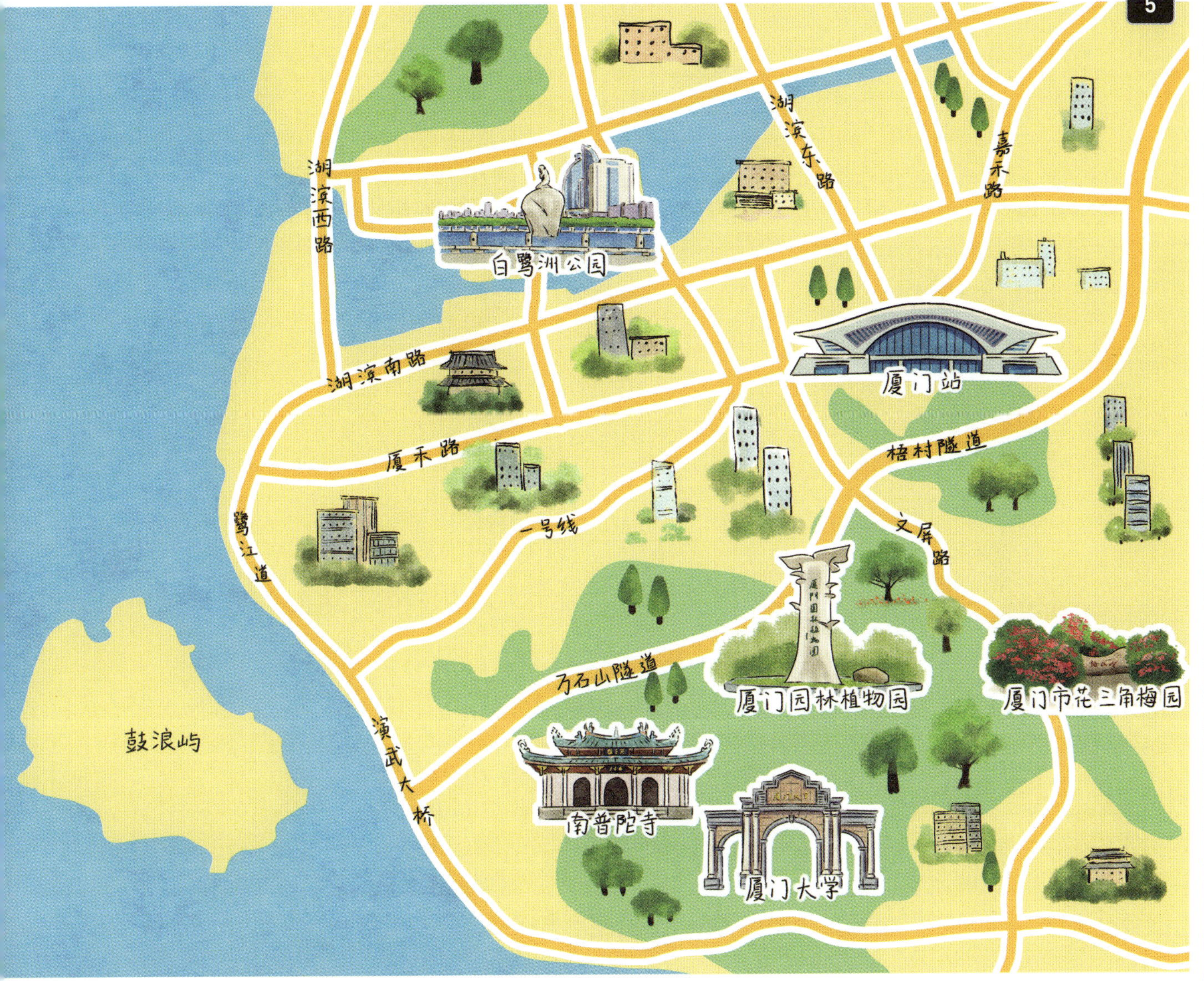

“只有两个季节”的厦门

厦门人戏称厦门只有两个季节：春天和夏天。因为厦门是亚热带海洋性季风气候，全年温和多雨，冬无严寒，夏无酷暑，但夏秋季经常会有台风登陆，如 2016 年 9 月 15 日强台风“莫兰蒂”在厦门登陆，狂风连根拔起许多大树，全市成了一片泽国。不过别担心，除了台风这种极端天气，厦门的气候是比较温和的，全年平均气温 21℃左右，穿短袖单衫能度过一年中绝大多数时间，厚厚的羽绒服则很少能派上用场。

从无名孤岛到经济特区

我们美丽的厦门，曾经是一座无名孤岛，默默矗立在中国东南的海中；如今，它是人声鼎沸、商旅往来不绝的经济特区。厦门经历了什么样的变化呢？

你知道吗？在早期英文文章和邮戳中，厦门都被称为 Amoy。据说，这是因为早年外国人来到厦门，听到闽南人称厦门为“ei(三声)mng(二声)”，就将其标记为 Amoy。汉语拼音普及之后，国家要求用拼音标记地名，Amoy 才被改称为 Xiamen。

郑成功与思明区

明末清初，郑成功率领大军雄踞厦门、金门，驱逐荷兰侵略者，收复台湾。他在厦门设置思明州。现在的思明区是厦门最繁华的区域。鼓浪屿日光岩景区内有郑成功纪念馆，是当年郑成功屯兵扎寨、训练水师的地方。鼓浪屿郑成功纪念馆还是世界上最大的郑成功文物收藏中心。鼓浪屿东侧还有一座名为皓月园的郑成功纪念园，园中矗立着近16米高的郑成功石像。这尊巨型石像矗立在海边，所有乘船登上鼓浪屿的人都能一眼看到它。

历史大事记

1394年：明朝永宁卫的中、左两个千户所移驻嘉禾屿，修建厦门城，“中左所”成为厦门岛的代称。
1655年：郑成功改中左所为思明州。
1843年：《南京条约》签订后，厦门成为第一批对外开放的通商口岸之一。
1935年：厦门成为福建省辖市。
1949年：厦门市解放。
1980年：厦门辟设经济特区。
1994年：国务院批准厦门市行政级别升格为副省级。

岛内与岛外

厦门市并不是一整块陆地，而是分为大陆和小岛两部分，这一点也许和你对国内城市的普遍印象不同。来厦门旅游的人最常去的地方是厦门岛，这里有思明区和湖里区，游玩的地方比较多，也更加繁华。岛外则有海沧、集美、同安、翔安4个区。岛内外通过4条跨海大桥及1条海底隧道相连接，它们分别是厦门大桥、海沧大桥、集美大桥、杏林大桥和翔安隧道。

浪漫的钢琴之岛

黄昏的时候，行走在鼓浪屿的街头或是巷尾，你会被叮叮咚咚的乐声牵绊住双脚，这便是钢琴之岛的魅力。大约19世纪中期，西方音乐传进鼓浪屿，弹奏和欣赏钢琴曲的风尚逐渐在岛上流行开来。一些家庭会定期在自己家的院子里举办音乐沙龙，三五好友聚在一起弹琴唱歌；还可以看到祖孙三代在家里一起演出。钢琴的旋律已经成为厦门人生活中不可或缺的一部分。

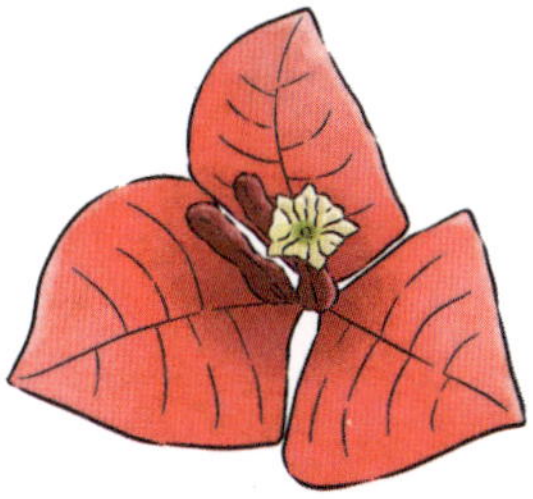

红色三角梅

我家窗外有一株三角梅，花开时节，红艳艳的花朵像一簇簇小火苗。三角梅是厦门的市花，它喜欢阳光充足又温和湿润的气候，晴暖的厦门正适合它生长。这里还有一座三角梅公园梅海岭。在厦门，三角梅几乎全年都在开放，不需要特意去寻找，只要在高处，你就能欣赏整个城市被笼罩在花海中的美景啦！张若虚称赞三角梅说：“含蕊红三叶，临风艳一城。”真是太贴切了。

厦门的市树是凤凰木。花开时节，整条路都被红云笼罩。凤凰花一般在六七月份盛开，也是厦门大学的校花。身为鹭岛，厦门自然栖息了许多白鹭，它们也是厦门的市鸟。厦门人都很喜欢白鹭，在推选市鸟时，白鹭甚至都没有竞争对手。

厦门沦陷日

如果你在5月10日来到厦门，会听到一声声警报响彻全市的每个角落。对于厦门人而言，1938年5月10日是十分沉重的一天，这天日军在厦门五通码头登陆后，大肆屠杀村民。从2001年起，每年5月10日厦门都会在全市试鸣防空警报，以纪念1938年5月10日厦门沦陷。每一声警报，都在提醒我们勿忘国耻，不要忘记以往的苦难！

充实的学校生活

在学校里，我可以和小伙伴一起玩耍，还能参加许多特别有趣的课程。我在学校里可开心了，让我带你去看看我的学校吧。

上课啦

我是君君，我在演武小学上四年级，我的学校已经有 90 多年的历史啦！我喜欢自己的学校，连大名鼎鼎的诺贝尔奖获得者杨振宁都是我们的校友呢！他还给我们写下了“好好读书，创造美丽的未来”的祝福。每天早上 7 点 50 分，我就得坐到教室里准备早读啦。上午我们有 4 节课，下午有 3 节课，每节课有 40 分钟。我们的课程丰富多彩，不仅有语文、数学、英语等主科课，还有阅读、思想品德、国学、美术、体育、书法等有意思的课程。我最喜欢选修课啦！

小小南音传承者

我们学校有许多特色选修课，其中我最喜欢南音课，我们的老师来自厦门南乐团。在课上，老师带领我们学习弹奏乐器、吟唱南音。老师要求我们每一个音都要练到位，有时候一节课就只练一句唱词。我最喜欢的曲子是《直入花园》《三千两金》《风打梨》等。等我长大了，我也想成为一名南音老师，让更多人发现南音和闽南语的美。

南音的主要乐器是曲项琵琶。和现在的琵琶不同，它保持着古时的形制，也被称为“南琶”，需要横抱着弹奏。

百草园

我们学校有一个“百草园”——新知田园。开学时每位同学都会收到一份特殊而珍贵的小礼物——一粒种子，然后亲手把它播种到新知田园里。在这个植物角里，我们观察植物的生长，看着它们抽芽、长叶、开花，并且把每天的新发现记在我们的《植物观察日记》里。

派位上学

我是大杰，我今年升初一了。小学升初中，厦门市实行电脑派位的方法。妈妈告诉我派位的意思就是就近入学，教育局会随机把我们分配到附近的学校。妈妈紧张得好几天都没睡好觉，不过我的运气非常好，被分配到了我最想去的厦门一中的初中部。我们学校是一所百年名校，美丽的校园像一座花园。妈妈说我能被派位到这里上学实在是太幸运了，一定要好好学习，争取考上一中的高中部！

我为食堂写赞歌

我们学校有两个食堂，分别在初中部和高中部。初中部的食堂小一些。高中部的食堂有两层，菜品更加丰富：一层有学霸们的最爱——方便快捷的营养餐，还有大家都喜欢的大骨汤面、奶油蘑菇意大利面、扁食、炖罐、西北拉面……二层有拌饭、紫菜饭、炸鸡腿、酱香饼等。如果你有饭后吃水果的习惯，还有可以随意搭配的现切水果。曾经有位厦门一中的学长和我说，离开厦门后，最怀念的就是厦门一中的食堂。

航模竞赛班

小学四年级我就开始上航模选修课。升入初一，学习更加紧张，但我还是加入了我们学校的航模竞赛班。我从小就喜欢汽车和飞机模型。每周二下午 4 点 30 分，我都会提前到教室里准备上课，上课时也会打起十二分精神。除了航模，老师还会给我们演示无人机飞行和悬停、车模空翻。我希望今年能参加全市的航天航空模型设计比赛！

缤纷多样的综合实践课程

从小学一年级开始，每年学校都会组织综合实践。我们一起去思明法院公民司法体验基地，开启法制之旅；去厦门市青少年天文气象馆，学习气象和天文知识；去桥梁博物馆，参观了解海沧大桥的建设过程；去宝生园农业文化主题公园，认识各种水果蔬菜，学垒土烤地瓜。我喜欢综合实践课！

博物馆里看厦门

有人说博物馆是一个城市的窗口，可以窥见这个城市过去和现在的灵魂。我喜欢逛博物馆。厦门除了常见的以历史文化为主题的博物馆，还藏着许多富有特色的博物馆，跟着我一起去逛逛厦门的博物馆吧！

厦门市博物馆

如果你和我一样喜欢逛博物馆，那你绝对不能错过厦门文化艺术中心里的厦门市博物馆。2007 年它才从鼓浪屿八卦楼的旧馆迁移过来，博物馆里的展品向我们诉说着厦门的历史和独特的闽南文化。我最喜欢的展馆是“闽南民俗陈列馆”，里面有序厅和春、夏、秋、冬展厅。在这里我能看到以前每个季节闽南人都会做什么，比如以前闽南的小朋友在春天入学，入学前要准备青葱、芹菜和竹管——青葱象征“聪明”；芹菜象征“勤奋”；用灯芯穿透竹管，象征“一以贯之”。实在太有趣了。

华侨博物院

你知道吗？华侨博物院是中国第一座由华侨集资兴办的博物馆。如果你想了解那段艰难的时期中，华侨曾有过怎样悲惨的遭遇，他们怎样通过勤劳的双手和聪明的大脑打开了一片天地，这里是不二之选。更可贵的是，无论取得了多大的成就，他们对祖国始终有难以斩断的眷恋。

是桥梁，也是博物馆

来厦门一定不能错过海沧大桥，这可是一座能抵挡住 12 级台风的桥！在海沧大桥建成前，想从岛内去海沧，我们只能坐船或者坐公交车绕上一大圈；现在，我们很快就能到达海的另一边了，出行方便了许多。海沧大桥不仅是连接岛内和海沧区的重要通道，还藏着一座特殊的博物馆——桥梁博物馆，这也是国内第一座建在锚碇（máo dìng）里的博物馆，海沧大桥的交通指挥中心也在里面。

海沧大桥还是国内第一座三跨连续悬浮体系悬索桥。是不是听起来很复杂？别担心，在桥梁博物馆里，你能看到这座桥的建造过程、历史故事，很快就能了解得清清楚楚了。

鼓浪屿还有一座风琴博物馆，藏品的主要捐赠人也是胡有义先生。这里的风琴种类繁多，有高达13米的巨型管风琴，也有小至手提箱大小的街头艺人使用的风琴。

鼓浪屿钢琴博物馆

钢琴之岛怎么少得了钢琴博物馆？在鼓浪屿菽庄花园，爬上一个小山头，你就能见到这座藏在花园里的博物馆了。这里收藏着胡友义先生捐赠的40多架古钢琴。胡有义先生是出生于鼓浪屿的著名“钢琴人”，他将自己收藏的世界名钢琴捐献出来，建立了厦门鼓浪屿钢琴博物馆。博物馆的外形就像一架钢琴，两层展馆陈列着来自世界各地不同时期的钢琴。

桥梁：海沧大桥的桥梁是钢箱梁，因为横截面看起来像一个箱子而得名。这种桥梁的抗风性好，一般用在跨度较大的桥梁上。

索塔：支撑桥上主索的塔形构造物。海沧大桥的索塔是门形的，上下横梁的下缘都有弧度，既有足够的支撑力，又非常美观。

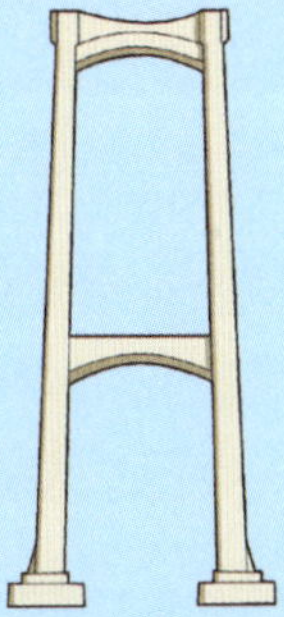

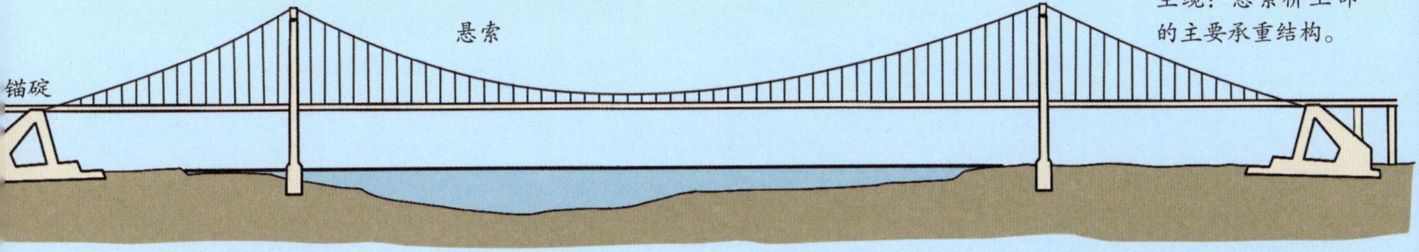

主缆：悬索桥上部的主要承重结构。

三跨桥：两个相邻桥墩之间的桥梁被称为一跨，三跨桥就是指这座桥的主桥有三跨。

锚碇：固定悬索桥主缆的构造，浇筑在地下。海沧大桥的锚碇固定着大桥，设计师却大胆地将它设计成了空心的三角形结构，这在国内是一大创举！桥梁博物馆就在空心的锚碇中。

鼓浪屿独家环游指南

鼓浪屿是厦门重要的一部分，这座只有1.84平方千米的小岛，风景秀丽，是每一位来到厦门的游客必去的地方，被称为“海上花园”。鼓浪屿在宋代和元代时被称为圆沙洲，到了明朝才改名为鼓浪屿。岛上不仅有日光岩这样美丽的天然景点，还有各种不同风格的精美建筑，跟我来看看吧！

菽庄花园

菽庄花园原本是台湾富绅林尔嘉在1913建造的私家园林，因为林尔嘉字叔臧，花园就以其谐音命名。菽庄花园在鼓浪屿的南部，背靠日光岩，面朝大海，既有中国传统园林的秀美别致，又有临海观潮的豪情壮志。钢琴博物馆就藏在这座花园里。

李家庄

原本是李清泉先生买给父亲安享晚年的地方，现在是一座旅馆。李家庄也是文艺复兴风格的建筑，在这里可以看到连拱券柱式的外廊。

皓月园

这是一座郑成功纪念园，园里覆鼎岩上的郑成功雕像是最大的中国历史人物雕像之一。来到鼓浪屿，远远地就可以看到这座雕像。

游客去鼓浪屿，需要注意：白天可以从邮轮中心厦鼓码头和海沧嵩鼓码头乘船，晚上则要从厦门轮渡码头（2号厅）乘船。

郑成功纪念馆

这里是海内外规模最大的郑成功文物、文献收藏中心和研究基地，馆里收藏着400多件与郑成功相关的历史文物。郑成功纪念馆建于1962年，是为纪郑成功收复台湾300周年而建立的。

日光岩

鼓浪屿的最高点，海拔92.6米，这里是观赏日出的绝佳地点。郑成功收复台湾时曾在这里屯兵驻扎。

观彩楼

鼓浪屿最高的建筑，这里也是观赏鼓浪屿美景的好地方。观彩楼是1931年由荷兰设计师设计建造的，是文艺复兴风格的建筑。

文艺复兴是14—16世纪流行于欧洲的文化风潮，最初兴起于意大利。文艺复兴风格的建筑流行于文艺复兴时期，这种风格的建筑通常轻快而和谐。

鼓浪屿天主教堂

建成于1917年，原来是西班牙领事馆，后来改为法国领事馆。这座天主教堂是哥特式建筑，尖拱和交叉拱是它的特色。

哥特式艺术在12—16世纪初期盛行于欧洲，以新型建筑为主要形式，线条轻快的尖拱券、小尖塔、飞扶壁是哥特式建筑的经典标志。

周末时光

在海滨城市，生活当然离不开海啦。去沙滩上赶海，在环岛公路上骑行，“呷茶话仙”，都是我们喜欢的周末活动。

最清闲——陪爷爷“呷茶话仙”

写完作业，我经常陪爷爷“呷茶话仙”，用普通话说就是“喝茶聊天”。无论冬夏，在厦门老街的转角、老宅门前，都能看见这样的场景：一张桌子、一套茶具、一壶开水、几张竹椅，坐着三五成群的老厦门人，操着一口闽南语唠嗑，消磨清闲时光，一聊就是三四个小时。我喜欢听爷爷奶奶唠嗑，听多久都不嫌烦。爷爷说茶喝多了容易“茶醉”，要有茶配搭着吃。有哪些茶配呢？让我数给你听：馅饼、马蹄酥、雪片糕、橘红糕、蛋花酥、花生酥、蜜饯、贡糖、蒜蓉枝……哇，我都快要流口水了！

最清新——厦门园林植物园

在厦门思明区，清晨去锻炼的好地方当数厦门园林植物园。植物园早上6点之前都不用门票，我周末会和爷爷一起去植物园锻炼，跑完步之后，在园里走一走。听说植物园里有6300多种植物。这里有裸子植物区、沙生植物区、雨林世界、药用植物区……我最喜欢沙生植物区，这里有千奇百怪的仙人掌、高大挺拔的仙人柱，还有形似倒栽葱的猴面包树。

最炫酷——诚毅科技探索中心

爸爸妈妈有时候会开车带我去诚毅科技探索中心玩。这里有七大展区，都很炫酷。我喜欢待在星际探索区、航空实验室、航海实验室这几个专区。在星际探索区可以组装火箭零部件，还可以穿上宇航服，体验宇航员在太空的生活；在航海实验室，可以设计自己的船只；在航空实验室，可以驾驶飞机操作空投、灭火。太有趣了！

最健康——环岛路上骑行

骑上自行车在环岛路上飞驰，还有比这更畅快的事吗？这也是我周末最爱的活动！蓝天、大海、沙滩、棕榈树、四季常开的三角梅，这里实在太美了！环岛路上的绿化带被修剪成音符的模样，是一道独特的风景。你知道这些音符可以组成什么吗？就是我最喜欢的歌曲——《鼓浪屿之波》的乐谱呀！

围海造地通常在河口地区淤泥丰富、淤积速度快的淤泥质区域进行。在沿海建造海堤，将圈围的海域填土成陆地，主体是海堤，用来挡潮防浪、控制水位。以前大多在沿岸围海造地，现在则多是离岸围海，最典型的就是人工岛。

最浪漫——白鹭洲公园

奶奶家在白鹭洲公园附近，我经常在公园里的筼筜湖畔散步。这里空气清新，面积也很大，非常适合漫步。奶奶说筼筜湖在她小时候叫筼筜港，和大海相通，20 世纪 70 年代围海造地，筑起堤坝，筼筜港就成为内湖了，湖中的陆地被取名为白鹭洲。白鹭洲公园中央的白鹭女神雕像是厦门的标志性建筑物。

来厦门过节

厦门是个传统与现代互相渗透融合的城市，既有保留了传统习俗的古老节日，又有洋溢现代色彩的新节日。

额外的碗筷

如果你在闽南人家过年，会发现没有人坐的桌椅前也摆着米饭和碗筷。不要太吃惊，这是表示有家人在外地未归。闽南习俗，过年要为未归的家人留一个位置，放一副碗筷，表示人未回心已回。厦门人有许多亲人曾过台湾、下南洋，漂洋过海回家过年不是一件容易的事，每年总有些人不能回来，摆上额外的碗筷寓意饭菜常年充足，人丁兴旺。

年暝搁门蔗

这句话让不懂闽南语的人听了是不是一头雾水呢？其实闽南称“除夕”为“年暝”；在房门两侧搁置两根贴着红纸的连根甘蔗，叫作“门蔗”。年暝搁门蔗，从甘蔗头吃到甘蔗尾，寓意新的一年渐入佳境。

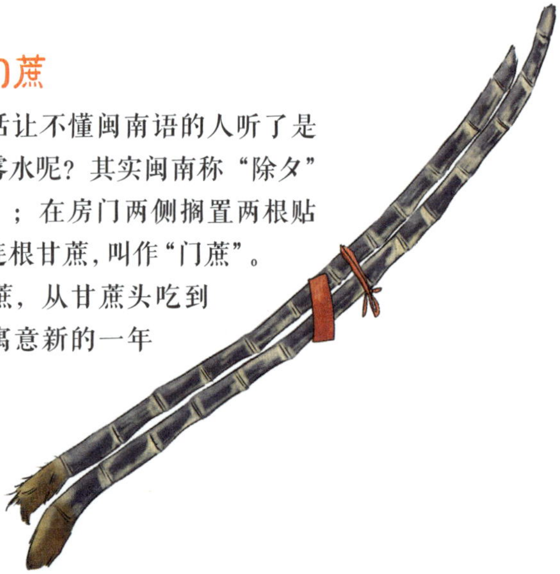

清明吃薄饼

厦门民谚有云：“清明吃薄饼。”意思是清明扫墓后一家人要聚在一起包薄饼吃。这个古老的习俗和寒食节有关，寒食的习俗即禁烟火、吃冷食。厦门薄饼主要制作材料是笋、豌豆、豆干、海苔、紫菜、蛋丝等，都是可以冷吃的食材。

中秋博饼

每当快到中秋佳节时，厦门的大街小巷就响起了掷骰子的声音，这是大家在“博饼”。关于博饼的来源有许多说法，流传最广的说法认为，博饼是郑成功为了缓解士兵思乡情绪而设计出的游戏。这种活动在厦门十分流行，现在不仅仅是家庭活动，还是商家促销的手段、公司聚会时的游戏。如果你在中秋节前后来到厦门，可以在商场或者超市体验一回博饼的乐趣！

寒食节

寒食节是一个古老的节令，在清明节前一两日，传说是为了纪念春秋时期晋国大臣介子推。晋国公子重耳曾经为了躲避祸乱在其他国家流亡了19年，介子推始终追随着他，不离不弃。后来，重耳成为晋国国君，即晋文公，介子推便归隐绵山，坚决不出仕。为了迫使介子推出山相见，晋文公便下令烧山，介子推最终抱木被焚而死。晋文公感念他的志向，便下令这一天禁火寒食。

介子推

独特的城市名片

厦门从一个小小的渔村，发展到如今这样繁华的都市，与一代代厦门人对故土的回报分不开。还有许多仁人志士在厦门留下浓墨重彩的一笔，他们的精神不断激励着我们！

陈嘉庚

爱国华侨陈嘉庚

说到厦门代表人物，除了郑成功，不得不提陈嘉庚先生。陈嘉庚年少时就远离故土，去新加坡谋生。在南洋发迹后，他大力兴办实业；回乡后将毕生资产投入教育事业，厦门大学与集美学村的建立都离不开嘉庚先生，厦门的师生们亲切地将他称为“校主”。他曾说：“教育为立国之本，兴学乃国民天职。”从 2014 年起，厦门将每年 10 月定为“嘉庚精神宣传月”。厦门地铁开通后，地铁 1 号线列车被命名为“嘉庚号”。

厦门大学

厦门大学就在我的学校隔壁，出白城校门就是大海，背靠五老峰，依山面海，是中国最美的大学之一，我很喜欢来这里散步、玩耍。但是在 1921 年，这里还是一片荒凉。陈嘉庚在这里建立了厦门大学，他希望外国的轮船来厦门港的时候，从海上一眼就能看到壮观的中国学府。

“下南洋”是厦门历史中浓重的一笔。清末到民国时期，东南沿海地区的人们为了谋生，到新加坡、菲律宾、越南、泰国等东南亚地区经商、务工，这股大规模的南下活动浪潮被称为“下南洋”。

嘉庚建筑

陈嘉庚先生投资兴建的建筑都有鲜明的特点。他热爱闽南建筑，下南洋的经历又使他熟悉南洋的建筑。他指导规划的建筑，大多融合了中西方的建筑风格，西洋式的建筑主体、闽南式的屋顶、南洋式的装饰等，被形象地比喻成“穿西装、戴斗笠”。这种自成风格的建筑被称为“嘉庚建筑”。

抗疫战士钟南山

钟南山院士是厦门人的骄傲。他是著名的呼吸病学专家，在 2003 年抗击“非典”时便是国内的抗疫领军人物。2020 年，新型冠状病毒疫情暴发，84 岁的钟南山院士再次出征，始终坚守在第一线，守护着全国人民的健康和希望。钟南山院士是厦门人，美丽的鼓浪屿是他的故乡。这里生活着他的亲人，也是他父母的长眠之地。钟院士接受采访时常常说起他在厦门安居时的场景，他对厦门、对鼓浪屿始终怀着特殊的感情。

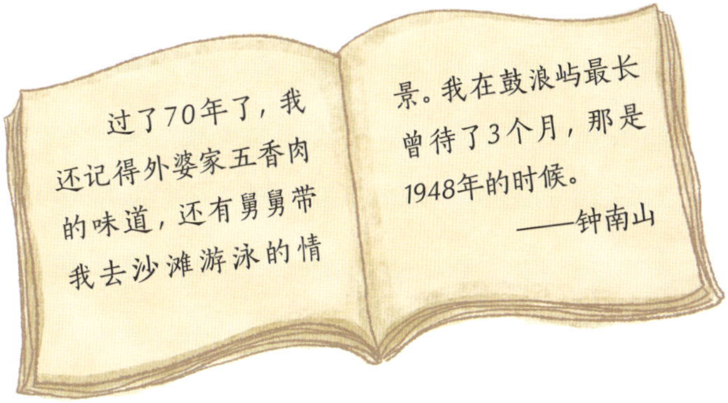

难忘乡音的林语堂

林语堂少年时期在鼓浪屿读书时，就与厦门结下了不解之缘。他在这里结婚、生活、教学，在他的影响下，孙伏园、鲁迅等人也来到了厦大执教。林语堂先生是一位文学大家，始终对闽南语情有独钟。晚年定居台湾时，听乡音仍然是林语堂先生最大的享受。他还按照闽南语的话音写作了一首五言诗，怀念家乡的风俗人情：“乡情宰（怎）样好，让我说给你。民风还淳厚，原来是按尼（如此）。”

集美学村

集美学村在集美半岛，包含小学、中学和大学，可以承担一个孩子从小到大的教育。集美学村是陈嘉庚先生在 1913 年开始投资创办的。学村里不仅有各类学校，还包含福南大会堂、图书馆、龙舟池等文化设施，清新秀美，集中西方建筑风格于一体，现在已经是大家非常喜欢的观光胜地了。2016 年，集美学村还入选了首批中国 20 世纪建筑遗产名录。

走进画中古镇

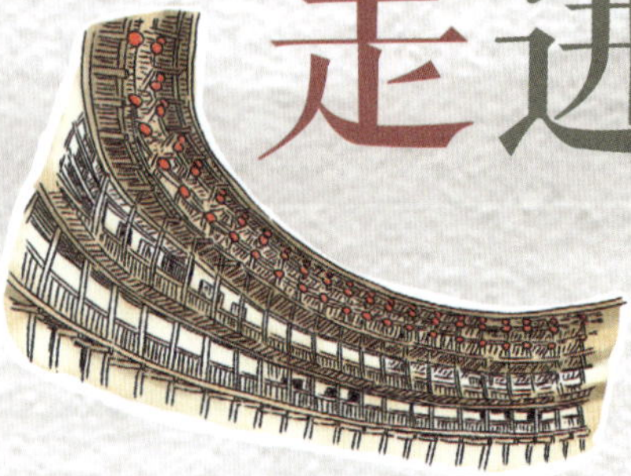

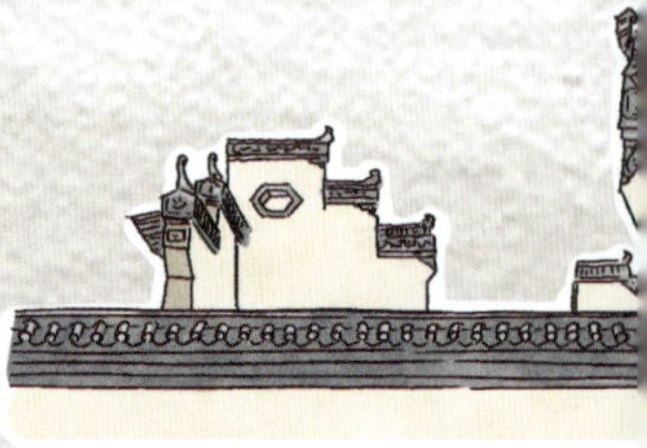

福建·南靖土楼

南靖县层峦叠嶂，交通不便，居民为防止自然灾害和盗窃，建了各种各样的土楼居住。南靖土楼被誉为“世界上独一无二的山川村建筑模式”。其中，田螺坑土楼群、南靖和贵楼、南靖裕昌楼、南靖怀远楼、南靖河坑土楼群等都是典型代表，是人文与自然巧妙配合而成的绝景。

浙江·南浔古镇

南浔古镇历史悠久，被誉为“中国十大魅力古镇”。这里有很多名园古迹，如风貌奇特的明代百间楼、文化气息浓郁的张石铭旧宅、中西合壁的嘉业堂藏书楼等，与自然风光和谐统一。

明清时期，南浔以盛产蚕丝——“辑里湖丝”而富甲一方，据说是清代皇帝、后妃所穿的龙袍、凤衣的定制用料呢。

湖南·凤凰古城

凤凰古城已有上千年历史，城内的青石街道、沱江边的吊脚楼、众多的古建筑以及浓厚的苗族风情，构成了独具一格的湘西韵味。

安徽·宏村

徽派民居中最具代表性的村庄，明、清民居建筑群保存基本完好，有“中国画里的乡村”之称。徽派建筑以砖、木、石等为原料，颜色以黑白为主，马头墙、小青瓦是典型特征。

云南·大理古城

古城位于风光秀丽的苍山脚下，是古代南诏国和大理国的都城。城内街道是典型的棋盘式布局，分布着崇圣寺三塔、太和城遗址、元世祖平云南碑等 10 多处重点文物保护单位。

江苏·周庄

周庄有着“天下第一水乡”的美誉。周庄古桥很多，桥桥相连，至今仍保存着元、明、清代建造的石桥。在周庄，游船是必备的交通工具。

乌镇人将房舍的一部分架于河上，下面用圆木桩或石柱打入河床中，称为“水阁”。

浙江·乌镇

乌镇有“中国最后的枕水人家”之誉，拥有约 7000 年历史，是典型的中国江南水乡古镇。

乌镇可谓“百步一桥”，而且样式繁多。

单孔拱桥

平桥

双桥

三孔拱桥

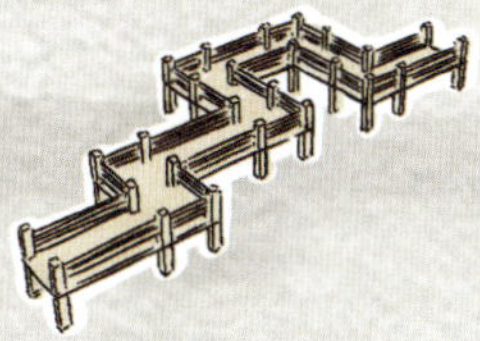

折桥

小桥、流水、人家三大元素相结合，创造出诗画美景。

你会说厦门话吗

有人说闽南语是世界上最难学的语言，你想不想来学学这种“最难”的语言呢？跟我试试看吧！

古汉语的活化石

闽南语也被称为“古汉语的活化石”，因为闽南语中保留了中古甚至上古汉语的语音。闽南语语音主要来源于两次人口迁移：一次是“五胡乱华”时期，中原地区的晋朝人为了躲避战乱移居福建，带来了上古音；另一次是唐朝末年，王审知三兄弟统治福建，带来了中古音。因为长期以来闽南和中原的交流较少，词汇、语音的变化很少，有些甚至历经千年不变，所以古汉语的语音都保留得比较好。

闽南语的发音

闽南语的发音非常有特点。它保留了 7 个声调；发音中没有声母 f，普通话中的 f 在闽南语中大多发成 p；鼻音声母常常说成口音，比如“马”我们会念作 be。另外，虽然同样都说闽南语，但是不同地方的腔调还是有很多不同的，比如离我们很近的泉州和漳州，当地人的发音和我们已经有很多不同了。

独特的词汇

闽南语中有一些独特的说法，比如“作穑”指“工作”，“日昼”指“正午”，“你有读册无”指“你念过书没有”，等等，初听的人可能会摸不着头脑。在厦门的老街老巷，也会看到一些很奇怪的地名，比如“三十六崎巷”等，那是因为这些地名是根据闽南语的发音直接写下的。在闽南语中一级台阶称为一“崎”，“三十六崎巷”意思就是巷口有 36 级台阶。

跟我学几句地道的厦门话吧！

厦门话　　普通话

夹蹦 —— 吃饭

都虾里 —— 多谢你

泛泛 —— 一般般

吃 —— 咬

晏 —— 迟

俗 —— 便宜

窒车 —— 堵车

（本页方言多为音译，不以其文字为准）

用手机扫一扫，
听听他们在说什么吧！

（本页普通话翻译多为意译，
非逐字逐句翻译）

大杰：君君你好呀！你今天下午有空吗？我们一起去白城玩吧！

君君：大杰下午好！好呀，我正想去白城沙滩玩呢，那我们一起去吧！
你和你妈妈打过招呼了吗？

大杰：已经和妈妈说过了，妈妈还为我准备了玩沙的小铲子。我好久没
去海边了，好期待呀！

君君：那我们一起坐公交车去吧！

大杰：好的，我们待会儿在路上买几瓶饮料。你知道坐哪一路公交车吗？

君君：好多路公交都能到！比如 135 路、20 路、2 路……

大杰：那我们赶紧去等公交吧！

君君：走咯！

别具一格的厦门菜

靠海吃海，厦门菜里当然离不开各式海鲜啦。不过，千万不要以为厦门菜里只有海鲜，这里的美食原料丰富，既重视口味又重视滋补，想来尝尝吗？

杧果蘸酱油

是的，你没看错，厦门人吃杧果是蘸着酱油的。在这里的百家村有一个不起眼的酱油杧果小摊，只有一张小方桌，却是连当地人都喜欢光顾的地方。现切杧果淋上酱油，看上去很奇怪的样子，但这是一种有长久历史的美食了。老人家说，这么吃可以防止杧果过敏（我是不大相信啦），还可以助消化呢！

没有“笋”的土笋冻

来厦门一定要尝一尝“黑暗料理”土笋冻，搭配甜辣酱和芥末，咬一口软弹顺滑，入口即化，别提多美味啦！土笋可不是笋，而是一种海边的虫子，因为含有丰富的胶质，熬煮后放凉就会凝结成清亮的块状。在厦门一直流传着一种说法：郑成功在这里屯兵的时候，因为粮草紧缺，将士就到海边挖土笋，熬煮成汤充饥。郑成功忙于军务，经常忘记吃饭，土笋汤都凝结成冻了。为了不劳烦将士，郑成功就直接吃了成冻的土笋汤，没想到味道竟然十分鲜美，于是就有了这道美食。

白白胖胖的“金包银”

虽然名字叫“金包银”，但是这道菜并不是金色的外皮包着银色的馅料，反而是银白的外皮包裹丰富的馅料，看起来像大号饺子。金包银的外皮是用澄面和红薯粉、糯米粉等混合制成的，内馅则通常用鲜香菇、瘦肉、鸡蛋、笋干、虾米切碎后炒制而成。做好的金包银外皮最好薄至透明而不漏，阳光下可以看到里面的馅料。

厦门人都爱吃的“林扁豆腐”

“林扁豆腐”在厦门远近闻名。这家店也在百家村，不仅仅卖豆腐，还卖豆浆、豆干、豆泡等豆制品。厦门超市里卖的豆浆，几乎都来自“林扁豆腐”；厦门人吃的其他豆制品，近一半也来自“林扁豆腐”。据说创始人林扁本来是泉州人，1934年，林扁带着父亲传下的手艺，来到厦门百家村开起了一家豆腐坊。靠着家人的辛勤劳动和对产品质量的精益求精，林扁豆腐店的名声逐渐在厦门响起来。

养生滋补姜母鸭

“姜母鸭”也是典型的闽南语词，不是读“姜/母鸭”，而是“姜母/鸭”。难道姜也分公母？其实，“姜母”是闽南语中对老姜的称呼。做姜母鸭，一定要精选老姜，在砂锅底铺上厚厚的一层薄切姜片，再加入红枣、枸杞、米酒，最后再放上鸭子，在砂锅里焖到软烂。姜母鸭和北京烤鸭、南京盐水鸭不一样，上桌不只有鸭架和鸭肉，而是包含鸭胗、鸭肠、鸭心、鸭肝、鸭血等鸭全套，可以说是不浪费鸭身上的每一个“零件”。吃完鸭以后，还可以在汤里放入腐竹、白菜、粉丝一起煮，保证全家人吃饱。

节日必备红龟粿

红龟粿是厦门人节日饭桌上必不可少的点心。红龟粿是用红花米加糯米揉捣好后，把甜豆沙、芝麻等包进去，再压入龟印中，最后抹油放到芭蕉叶上蒸熟的，味道和麻薯很像。因为做起来有些麻烦，所以以前只有过节或祭祀的时候才能吃上。

炸五香也叫“五香条”，也是闽南宴会必上的一道菜。它是用一种专门的豆皮，裹上剁碎的荸荠、红萝卜丝、茄子、精肉、葱等材料制成的。炸五香卷成一条条，放进油锅炸成焦黄，切成几段，蘸上甜辣酱吃，外脆里鲜、香酥爽口。

欢迎来我家做客

欢迎来厦门做客！我已经为你备下茶水，做好沙茶面，准备带你去吃一顿厦门早茶呢。

客人登门，茶水当先

福建盛产茶叶，厦门人家中常备一套茶具、一盒铁观音。客人一进门，主人立即烧水烫杯，大家一起围在茶桌前聊天，直到主人家招呼大家吃饭。厦门人喝茶也讲究礼仪，倒茶时一定要先把茶给客人，最后才轮到司炉（泡茶的人）。客人接手斟茶时要注意回礼：司炉是长辈的话，要掌心向下，弯曲食指和中指在桌面上轻敲两下表示感谢；司炉是平辈或者小辈的话，只用食指在桌面上敲两下表示感谢。如果正在喝茶，中途有新客人来到，主人要立即换上新茶，表示对客人的欢迎。

来一碗沙茶面

家里来了客人，妈妈一定会亲自下厨做一碗沙茶面。一大早上，妈妈就去菜市场买回筒骨熬出高汤，再把花生（最好是同安的花生）炸熟研磨做成花生糕。准备好这些后，再把沙茶酱、辣椒粉、砂糖混在大锅里慢慢地熬出味道。海蛎、大肠、鸭血、瘦肉、茼蒿都是沙茶面里必放的食材。“呷”一口脆爽的碱面，吃一口鲜美的配料，喝一口浓郁醇香的沙茶汤，我保证你一定会爱上厦门。

带你吃早茶

如果你来厦门，我一定会带你一起吃早茶。厦门同安有句俗语说：“早晨一杯茶，胜过吃鱼虾。早上茶一杯，胜似吃雄鸡。”早起沏上一壶好茶，和家人朋友边吃小点心边聊天，舒适的一天开始啦。我们经常在家里配上油条喝早茶，周末的时候也会去“茶桌仔”（茶室）吃早茶。厦门的茶点丰富极了，油条、炸枣、发粿、花生糕、贡糖……你一定能找到自己喜欢的口味。至于我嘛，我一定会点一份碗仔糕。用竹签沿着碗沿把晶莹剔透的碗仔糕切成小块，取出来蘸着作料吃。碗仔糕的作料就有非常多种，比如沙茶酱、蛋白酱、辣椒酱、蒜泥、醋等，可以任意取自己喜欢的吃。

正月初三不做客

如果你打算春节假期来厦门玩，一定要避开正月初三。厦门有句民谚说：“正月初一贺新正，会友探亲情。正月初二请女婿。初三犯忌无客来。”意思是大年初三既不要出去拜年，也忌讳别人来家拜访。据厦门老人讲，这个习俗源于明朝。当时倭寇作乱，有一年除夕趁官兵忙于过年，疏忽防备，攻打城门。城内军民奋起反抗，终于在正月初三将倭寇击退。但城内军民伤亡惨重，人们忙于悼念逝去的亲人，无暇拜年，久而久之，就形成了“犯忌无客来”的习俗。所以，如果你想在春节期间拜访厦门的亲朋好友，最好避开正月初三。

走，嗦粉去！

重庆酸辣粉

粉是红薯粉，然后加入肉末、蚕豆、花生米、香菜、葱、醋等。重庆人讲究大麻大辣，所以酸辣粉也十分有味道。麻、辣、鲜、香、酸且油而不腻——这就是重庆酸辣粉。

遵义羊肉粉

遵义羊肉粉有1300多年的历史了。鲜羊肉熬汤，将米粉烫好，盛在碗中；然后在米粉上放一层薄薄的羊肉片，浇上鲜红的辣椒油，加入调料；最后加入炖过的羊汤。这样做出来的羊肉粉，热气腾腾，香气扑鼻。

云南过桥米线

米线也属于米粉的一种。过桥米线的汤用滚油封面，虽然很烫，但是并不冒热气。吃的时候，依次放入生的猪里脊肉片、鸡脯肉片等，等肉片烫成白色，再加入豌豆尖等蔬菜，最后再下米线，撒少许葱花、香菜就可以吃啦。

南昌拌粉

南昌米粉对粉的韧性要求特别高，生粉要结实透明，具有久泡不烂、久炒不碎、韧而不硬的特点。将米粉放入沸水中涮熟后，放入剁椒、花生米、萝卜丁、食用油、酱油、葱花等作料调拌，就是一碗鲜香浓郁的南昌拌粉。

长沙米粉

长沙人偏爱扁粉，因为扁粉比圆粉更容易入味。正宗的长沙米粉的汤用大骨熬成，再浇上牛肉、排骨等五花八门的盖码。米粉端上来后，各人再根据自己的口味加上一点剁辣椒、萝卜条、酸菜等作料。长沙米粉味道鲜美，是湖南人最喜欢的早餐之一。

衡阳鱼粉

衡阳鱼粉是湖南的特色美食，用新鲜的鱼肉和米粉为主要原料制成。鱼粉比较细，一不小心就煮断了，所以要掌握好火候。将烫好的鱼粉淋上新鲜的鱼汤，一碗美味的鱼粉就大功告成了。对于喜欢吃鱼又喜欢吃粉的人来说，这真的是非常完美了。

桂林米粉

桂林米粉主要分为汤粉和卤粉，汤粉浓郁多汁，卤粉入味，都非常好吃。把烫热的米粉滤干，加入特制的卤水，再配以炸酥的五花肉、卤牛肉、酸豆角、花生米等，就是一碗美味的干捞卤菜粉。

柳州螺蛳粉

螺蛳粉由柳州特有的软滑爽口的米粉，加上螺蛳肉、酸笋、木耳、花生、油炸腐竹、黄花菜、鲜嫩青菜等配料制作而成。因为加了酸笋，闻起来很臭，但是吃起来却非常香。汤的味道也非常浓郁入味，嗦一口，超级爽的！

君君和大杰的菜谱

俗话说："靠山吃山，靠水吃水。"生活在"渔村"的厦门人，吃的海鲜比大米还多。厦门的烹饪方式讲究"上清"，用普通话来说就是"鲜"。我们俩来露两手，让大家感受一下厦门本土的美食吧！

酱油水小管

厦门是海岛，靠海吃海，渔民出海打鱼，早出晚归，吃食都在船上解决。在船上做饭一要速度快，二要有味道，"酱油水"应运而生，突出一个"鲜"字。

主料：小管（小鱿鱼）

辅料：酱油、姜丝、大葱、香葱、蒜瓣、油

操作步骤：

1. 将新鲜的小管洗净，切断备用。
2. 开火，锅内倒一勺油，油温升高后放入姜丝翻炒。倒入酱油，加少许水，放入蒜瓣。
3. 放入洗净的小管，待一面熟了再翻到另一面。
4. 放入大葱白、香葱，盖上锅盖。
5. 4—5 分钟后捞出装盘。

这道菜不放味精，不需要盐，依靠厚重的酱油味，将海鲜的鲜味完全激发。除了小管，别的海鲜也可以这么做，从鲍鱼到叫不上名的小鱼，唯一的要求就是新鲜。

海蛎煎

海蛎煎在厦门的街头巷尾随处可见。海蛎就是牡蛎，有“海中牛奶”的美称，营养非常丰富。自己在家做，干净卫生！那就跟着我来学做最地道的厦门名小吃吧！

主料： 海蛎

辅料： 鸡蛋、地瓜粉、酱油、甜辣酱、大蒜叶、油

操作步骤：

1. 将海蛎清洗干净，沥干水分备用。
2. 大蒜叶切成碎片备用。
3. 大碗中加入一勺酱油，放入地瓜粉（地瓜粉起黏结作用，若想多吃海蛎可以少放地瓜粉）。加入适当的水，搅拌均匀备用。
4. 将鸡蛋打入碗中，搅拌均匀备用。
5. 锅内放油，待油九成热后下海蛎。倒入海蛎后不断翻动，使海蛎均匀受热。
6. 半分钟后放蒜叶，翻炒 1 分钟后放步骤 3 中调好的地瓜粉水，凝固后淋上蛋液。
7. 蛋液凝固后翻面，两面焦黄后出锅，淋上甜辣酱就可以啦！

1

2

5

6

9

10

3
天王殿

4
曾厝垵

7

8

11

12
中華城
Meters/bonwe

1

园林植物园

厦门市园林植物园还有个名字叫“万石植物园”，因为这座植物园就在万石山中。植物园1960年就开始建造了，是福建省第一座植物园。这里最有标志性的，便是高耸的巨大仙人柱了，有些仙人柱已经有两层楼那么高了。

2

胡里山炮台

胡里山炮台是中国洋务运动的产物，从1891年开始修建，1896年完工。炮台建成后，配备了当时最好的装备，清政府还从德国购买了两门克虏伯大炮。克虏伯大炮可以360度旋转，有效射程能达到19000多米，是19世纪时世界上最大的海岸炮。

5

鳌园

鳌园是陈嘉庚先生花费10年时间设计督建成的，它原本是一个坐落在集美东南角的小岛，形状看起来像一只海龟，所以人们把它叫作“鳌园”。鳌园中的石刻非常有特点，以浮雕、圆雕、镂雕等方式创作，包含古今中外的科技文教、天文地理各种主题，是嘉庚先生寓教于乐思想的绝佳体现。

6

五缘湾

五缘湾在厦门岛的北部，湾区里有源古博物馆、湿地公园、音乐岛等众多能玩、能赏的区域。5座圆拱大桥是它的标志。“五缘”的名字寄托了闽台之间地缘相近、血缘相亲、文缘相承、商缘相连、法缘相循的寓意。

9

芙蓉隧道

在厦门大学里面，有一条长长的隧道，隧道两侧墙壁上布满涂鸦，吸引了许多人前来参观。这条隧道从2005年开始施工，从厦门大学的芙蓉园学生食堂开始，穿越狮山，一直延伸到厦门大学的学生公寓门口。隧道里的墙面原本是空白的，后来逐渐被厦大的学生们绘上天马行空的图画。

10

演武大桥

演武大桥主线桥长2.8千米，是目前世界上离海平面最近的一座跨海大桥。横卧在海面上的白色桥体像是一道波浪，与大海融为一体。为了不影响海景，演武大桥上没有设置灯杆，而是用设在桥梁护栏上的灯来照明。

3

南普陀寺

南普陀寺是闽南地区重要的佛寺建筑，修建于唐代末年，到现在已经有1000多年的历史了。当时它还叫作泗洲院，经过多次被毁、重建，最终成为今天这座庄严佛寺。南普陀寺依山面海，中轴线上有天王殿、大雄宝殿、乐途殿、大悲殿、藏经阁等主要建筑，层次分明，规模宏伟。

4

曾厝垵

曾厝垵有“中国最文艺渔村”的美称。曾厝垵又叫“曾里”“曾家沃”“曾家湾”，这里原本只是一个临海的村庄，随着厦门市的飞速发展，这里也逐步发展起来。许多华侨回乡建设，在这里留下了大量红砖古厝和南洋风格的“番仔楼”。

7

厦门世茂海峡大厦

厦门世茂海峡大厦是厦门的地标性建筑，两座并立的建筑被人称为“双子塔”，高度都是300米，建成时是厦门最高的建筑。在大厦顶端还有一个透明观景平台，登上平台可以远眺鼓浪屿全景，欣赏金门岛、环岛路等美景。

8

梅海岭公园

梅海岭公园是一座三角梅园，园中栽种了近1万株三角梅，其中包含许多难得一见的品种，比如金叶紫花三角梅、鸳鸯樱花三角梅、柠檬黄三角梅、樱桃色三角梅。它们四季常开，漫山遍野，灿如云霞，让人仿佛置身于三角梅的海洋。厦门市民周末常会携家带口去园中游玩。

11

汇丰银行公馆旧址

汇丰银行公馆在美丽的鼓浪屿上，是一座红砖白墙的英式别墅。19世纪70年代，汇丰银行在笔架山的断崖上修建了这座公馆，作为银行高级职员的住宅。公馆面向大海的一面被设计成了接近135度的钝角，以拥有更好的赏景视角。

12

中山路

中山路是厦门市的老牌商业街，现在仍然是厦门繁荣的商业区域。它还是一条历史文化名街，仍然保留着旧时的风貌，隐藏着众多名人故居。街道两侧的骑楼是这里的标志性建筑。

附录

图片版权说明

全书图片的版权说明如下：

· P8 左中（小小南音传承者）、右下（百草园），p9 右上（我为食堂写赞歌），何柳惠提供；

· 其他图片来自“图虫创意”图库网站（上海图虫网络科技有限公司）。

加入阳光秀美童书书友会

扫一扫，加入阳光秀美童书书友会

只要完成以下两步，就能第一时间获得最新书讯和活动消息！

1. 扫二维码，关注阳光秀美童书馆公众号；

2. 成功关注后，发送您的微信号，就能敲开童书馆的大门！

更多亲子课堂、好书分享等你来哟！

“去旅行”系列大家庭

“去旅行”系列由中法合作，以不同国家和城市的日常生活为切入点，介绍英国、德国、日本、印度、葡萄牙等 6 个国家，及北京、广州、贵阳、重庆等国内 9 个城市，内容涵盖文化、生活、教育等方方面面。最新版本加入 6 个新的特色城市，并采用新的形式、新的包装，是一套绝佳的综合性儿童知识百科书。

人文知识 | 语文诗词 | 历史典故 | 地理常识

- 英国
- 美国
- 德国
- 意大利
- 西班牙
- 日本

- 俄罗斯
- 印度
- 挪威
- 葡萄牙
- 摩洛哥
- 塞内加尔

- 贵阳
- 重庆
- 苏州

- 北京
- 杭州
- 哈尔滨
- 广州
- 成都
- 西安

建筑奇迹 | 风土人情 | 饮食文化 | 方言精髓

跟我游上海

宋士广 著
王梦珊 彭程远 绘

去旅行（中国版2）

广西科学技术出版社

图书在版编目（CIP）数据

跟我游上海 / 宋士广著；王梦珊，彭程远绘. —南宁：广西科学技术出版社，2021.10
（去旅行：中国版. 2）
ISBN 978-7-5551-1615-8

Ⅰ. ①跟… Ⅱ. ①宋… ②王… ③彭… Ⅲ. ①上海—概况—儿童读物 Ⅳ. ①K925.1-49

中国版本图书馆CIP数据核字（2021）第179620号

GEN WO YOU SHANGHAI

跟我游上海

宋士广 著 王梦珊 彭程远 绘

策划编辑：蒋 伟 王滟明
责任编辑：付迎亚 聂 青
责任审读：张桂宜
责任校对：张思雯
书籍装帧：于 是
内文排版：孙晓波
责任印制：高定军
视频制作：尹霄霄
营销编辑：芦 岩 曹红宝

出 版 人：卢培钊
出版发行：广西科学技术出版社
社 址：广西南宁市东葛路66号
邮政编码：530023
电 话：010-58263266-804（北京） 0771-5845660（南宁）
传 真：0771-5878485（南宁）
经 销：全国各地新华书店
印 刷：雅迪云印（天津）科技有限公司
邮政编码：301500
地 址：天津市宁河区现代产业区健捷路5号
开 本：850mm × 1000mm 1/16
印 张：2.5
字 数：50千字
版 次：2021年10月第1版
印 次：2021年10月第1次印刷
书 号：ISBN 978-7-5551-1615-8
定 价：108.00元（全6册）

目录
CONTENTS

欢迎来到上海

作为中国第一批开埠的城市之一，上海极具包容精神，各种元素在这里碰撞、融合，使它成为一座现代化、国际化的大都市。

大家好，我是爱打爵士鼓的牛牛

我叫黄奕霖，小名牛牛，今年10岁，读小学四年级。爸爸妈妈经常送给我各种各样的书，其中我最喜欢的是《哈利·波特》。每个周末，我都要练习打爵士鼓，妈妈总是说我学习要是像打鼓那么起劲就好了。

大家好，我是热爱写作的珍妮

我叫宋玉洁，英文名珍妮（Jenny），今年13岁。我爸爸妈妈都是中学老师。爸爸把他给我讲的故事编成童话书出版了，里面的插图都是我画的哟！我喜欢写作，和同学们一起组织了“白马渡”诗社。长大后我想做一名设计师，将阿拉上海人的幸福生活写出来，画出来。

中西合璧大上海

中国人喜欢上海，外国人也喜欢上海，因为上海的特色就是中西合璧：一条街，既有茶馆，又有咖啡厅；街这边是瓦片屋顶、雕花窗棂的中国风房子，街那边是老外当年留下的洋房别墅；大剧院里西洋歌剧刚结束，传统戏曲的锣鼓就响起来了。最典型的“中西合璧”要数石库门了：西式的建筑样式，中式的天井，石头门楣上还刻着传统的花草吉祥图案……在上海，你处处可以看到中西合璧的风景。

中文名： 上海
外文名： Shanghai
别名： 沪、申城
行政区类别： 直辖市
所属地区： 中国华东地区
下辖地区： 16个市辖区
地理位置： 长江三角洲东部长江口
面积： 6340.5平方千米
著名景点： 外滩、豫园、南京路、上海博物馆、田子坊、迪士尼乐园等

注：本章的城市基本情况及各种信息均以2021年9月前信息为准。

冬天比北方冷的上海

上海的冬天，由于室内没有暖气，感觉比北方还冷。和北方的干冷不同，上海靠近大海，空气常常湿漉漉的。北方的寒流到了这里，将这些水汽武装起来，它们像一根根看不见的冰针，钻到你的鼻孔里、衣领里，让你忍不住打寒战。所以，如果你冬天来上海玩，一定要带一些厚衣服，脚也要用厚鞋子武装起来。

“魔都”的魔力在哪里

上海得名于“上海浦”，原本是一个小渔村。经过700多年的发展，上海如今已成为一个拥有2000多万人口的国际大都市。被称为“魔都”的它，究竟有怎样的魔力呢？

历史大事记

南宋咸淳年间（1267年前后），上海浦一带逐步发展为上海镇。

元代，设上海县，扩展市舶司，管理中外商船和征税事宜。

1843年，上海正式开埠。

1949年5月27日，上海全境解放。

1990年4月18日，国务院正式宣布开发浦东。

2010年，上海举办第41届世界博览会。

2013年9月29日，中国（上海）自由贸易试验区正式成立。

通河襟湖，出江入海
——优越的地理位置

上海700多年的发展，离不开水。水赐予了上海人鱼虾稻米，也为上海开辟出一条条四通八达的水路。

通河（苏州河）襟湖（太湖），出江（黄浦江）入海（东海），上海独特的地理位置，赋予了它快速发展的动力。尤其是在古代陆路交通并不发达的情况下，便捷的水路更适合贸易和运输。从十六铺到吴淞口，再到今天的洋山深水港，上海的水路越来越宽，发展的前景也越来越好。

白玉兰是上海的市花，它洁白淡雅，闻起来香香的。每年春天，叶子还没有长出，玉兰花就早早地开了。一树的玉兰，像千万只蝴蝶在风中飞舞。每一朵花都向上，又像一盏盏明亮的灯盏，这和上海人勇于争先、奋发向上的精神是十分吻合的。玉兰花开时，妈妈喜欢剪几枝插入花瓶，摆在案头，仿佛整个房间都有了春意。

移民城市和海派文化

在上海，往上数一数，大多是移民来此的。大量移民来这里工作和定居，将不同的理念、文化和物品带来上海，给这座城市注入了空前持久的繁荣和活力，也使这座城市形成了其他城市无法比拟的开放包容的海派文化。

所谓海派文化，最常用、最形象的概括就是“海纳百川”。上海人来自五湖四海，每个人都像一道涓涓细流，只有相互融合，才能和谐相处。这种开放、包容、平等、进取的精神，正是海派文化的底色。

世界之窗和时尚之都

1876 年，中国第一条营业性质铁路吴淞铁路建成。

1881 年，上海设立了第一家电报局。

1882 年，上海有了电灯。

1883 年，上海开始供应自来水。

1901 年，汽车由匈牙利人李恩时运入上海。

……

翻开百年中国史，上海毫无疑问占据了多项第一。通过上海这个窗口，中国逐渐和世界相连：国外的时尚元素进入上海，然后影响全国；国内的精品通过上海走向世界。所以，无论什么时候，上海都是“时髦”“有腔调”的代表。

城市，让生活更美好

2010 年，上海举办了第 41 届世界博览会。那时候我还小，听妈妈说，她当年去世博会时，印象最深的是闪耀着无数明亮触须的英国馆，每根触须里都有一颗或几颗种子。当然，中国馆是最棒的。它的镇馆之宝《清明上河图》，里面的人物都会移动，真想让人跳进去，和他们一起玩。

世博会的主题是“城市，让生活更美好”。如今的世博会园区，有步道、骑行道、博物馆、公园……已成为市民游玩的好去处。

中国的湖泊

青海湖

位于中国青藏高原东北部的青海省，是中国最大的内陆咸水湖，由祁连山相关山脉的断层陷落形成。近几年由于全球变暖等因素，青海湖的面积在逐年增大。

地理位置：青海省东北部
所属城市：青海省海南藏族自治州、海北藏族自治州
面　　积：4635 平方千米
最大深度：27 米

鄱阳湖

鄱阳湖是中国第一大淡水湖，也是中国第二大湖，仅次于青海湖。这里有国家级自然保护区，珍稀动物非常多。鄱阳湖在调节长江水位、改善当地气候和维护周围地区生态平衡等方面都起着重要作用。

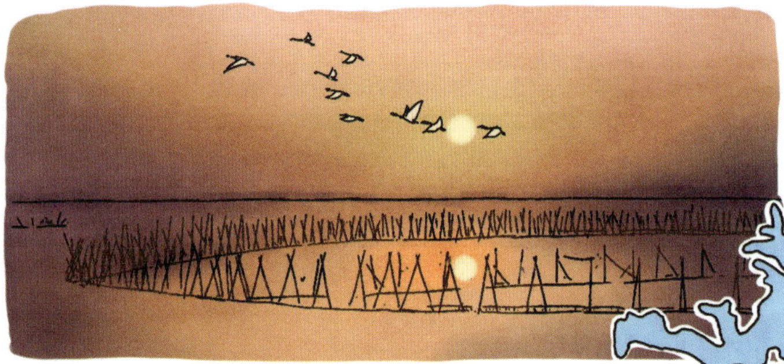

地理位置：江西省北部，长江中下游南岸
所属城市：江西省南昌市、九江市、上饶市
面　　积：平均约 2933 平方千米
最大深度：29.19 米

洞庭湖

这里素有“八百里洞庭”之称，是历史上的战略要地、中国传统文化发源地，有岳阳楼等重要的名胜古迹。洞庭湖有强大的蓄洪能力，对调节长江水位有重要作用。

地理位置：湖南省北部，长江南岸
所属城市：湖南省岳阳市、益阳市、常德市
面　　积：2740 平方千米
最大深度：23.5 米

湖水是全球水资源的重要组成部分，湖泊及其流域是人类赖以生存的重要场所。中国湖泊很多，但在地区分布上不均匀。

太湖

太湖是中国第三大淡水湖。太湖流域气候温和，物产丰富，自古以来就是鱼米之乡，有“太湖八百里，鱼虾捉不尽”的说法。“太湖三白”（太湖银鱼、太湖白鱼、太湖白虾）、太湖珍珠、太湖蟹是太湖著名特产。

纳木错

纳木错位于西藏自治区中部，是世界上海拔最高的大型湖泊之一。“纳木错”在藏语中是“天湖”的意思。由于位于高寒地区，冬季湖面结冰很厚，不但人可以在上面走，还能行驶汽车。纳木错蕴藏着丰富的矿产，盐、碱、硼等储藏量都很大。

洪泽湖

洪泽湖是中国第四大淡水湖。洪泽湖水产资源丰富，湖内有鱼类约百种。洪泽湖大堤是淮河下游重要流域性防洪工程。

在学校的一天

每周我们都要在学校度过大部分时间，我们在这里学习、玩耍、交朋友！一起走进我们的学校看一看吧！

英语节

我们学校每年都要举办一次英语节，选定一个大洲，大家查找与它相关的资料。每个班级还要准备相应的节目，全部要用英语表演哟！今年英语节的主题是美洲，我们班要表演情景剧。为此，爸爸妈妈还特意给我买了服装和带羽毛的头饰。看着镜子里的自己，我成了“如假包换”的小印第安人啦！

“九子”游戏

体育课上我们最喜欢的是“九子”游戏。同学们像一颗颗小炮弹穿来穿去，玩着各种各样的游戏：扯铃子（北方叫“抖空竹”）、套圈子（用圈子套瓶子）、跳筋子（跳橡皮筋）、打弹子（玩玻璃弹珠）、造房子（在地上画出房子，按规则在格子里跳跃）、抽陀子（抽陀螺）、滚圈子（滚铁环）、顶核子（顶橄榄核）、掼结子（丢沙包、石子）。这些都是上海著名的弄堂游戏，如今引入课堂，给大家带来了许多快乐。

10岁生日会

5月的最后一天，我们班级举行了一次隆重的10岁生日会。像是挥动了魔法棒，“呼”的一下，我们的教室变成了魔法世界的欢乐屋，摆满了鲜花、点心和彩色的气球。我最喜欢的是“猜猜我是谁”这个游戏。看着同学们小时候的照片，无论猜中猜不中，大家都很开心。

收“护照”啦

上海的每个中小学生手中都会有一本特别的“护照”，上面有每个区的爱国主义教育基地、博物馆、社会实践场馆等的介绍以及集章区。我们平日可以和同学一起前往参观、游玩、集章，既了解了上海的历史，又学到了书本里学不到的知识。每隔一段时间，老师会把“护照”收上去检查，督促我们课余时间要多去参观，不要只是忙着补课、做作业。

每周两次的游泳课我可太喜欢了，想象自己变成了一条鱼在水里游来游去。上海在游泳方面是比较有优势的，诞生过庄泳、乐靖宜、杨文意等奥运游泳冠军，非常重视游泳教育。游泳，也是我们中考体育测试的项目之一。

叮咚！现在是社团时间

每周一、三、四我们都有各种各样的社团活动：射箭团、书法社、舞蹈团……我最喜爱的是合唱团，但因为我先进了数学社，所以暂时没时间参加合唱团了。听着悠扬的琴声和同学们的歌声，整个人都会沉浸进去，实在是太享受了。当然啦，数学社也很好玩：有数独游戏、趣味逻辑游戏，还可以利用对称的原理设计剪纸。如果平时的数学课也这样有趣就好了。

放学了，我和几位同学留下来出黑板报。作为宣传委员，每个月最开心的事莫过于此啦！大家拿着粉笔书写得可认真了，每个人都有自己负责的小版块。我们学校实施黑板报评比制度，由大队部宣传组的同学们进行评选。嘻嘻，我们班的黑板报总是前三名，但我们没有松懈，每次都一起想新的创意，努力耕耘好这一块“黑土地”。

过一个快乐充实的周末

上海的好去处实在太多啦，让我每个周末都过得很精彩：有好吃的、好玩的，还能增知识、长见识！我们学习的地方，可不仅仅在校园哟！

迪士尼，一起点亮心中奇梦吧！

奇幻童话城堡，欢乐的花车巡游，精彩的演出，神奇的冒险，绚丽的焰火……欢迎你来到上海迪士尼乐园。进园之前，先下载好“上海迪士尼”小程序，这样你就能对每个项目的排队时间一目了然，再合理规划自己的路线。

我最喜欢的是创极速光轮，它是全世界迪士尼乐园中首发的游乐项目，让你体验什么是速度与激情，惊险程度五颗星！要记得预约快速通行证哟！如果累了，进小剧场看看节目，休息休息，为下一个刺激项目积攒力量。上海迪士尼真是一个让我们去了还想去的地方。

上海有许多社区图书馆，面积虽然不大，但设施一流，环境安静，是读书、做功课的好地方。而且，每一家社区图书馆都和上海图书馆联网，借书还书都很方便。我家对面的小街就有一家社区图书馆，周末的时候，爸爸看书、写文章；妈妈陪妹妹在二楼的童书区看书、玩耍；我如果作业多就写作业，不多的话就看自己喜欢的书。

沿着黄浦江骑行

自从黄浦江边的滨江骑行道连通以来，我和爸爸就成了这里的常客。在路边扫一辆共享单车，让我们开始骑行吧！

沿深灰色的骑行道，一会儿在公园里穿行，一会儿从嘈杂的轮渡码头上方穿过。不变的是，一路有黄浦江相伴——雄伟的大桥，世博会留下的各种各样的场馆和建筑，轮船的鸣笛，凉爽的风。累了，草地上坐一会儿，望江驿里喝点水。整个骑行道基本都是平缓的，没什么难度。而且一直沿着黄浦江骑行，也不用担心迷路啦！

精彩的社会实践活动

“用眼观察，用耳倾听，用脚丈量，用心体会”，这16个字是我们班级中队的口号。

每隔一段时间，我们中队都要在周末举行一次社会实践活动。在中共二大会址，我们了解了党的历史；去上海交通大学钱学森纪念馆，我们感动于老一辈科学家的爱国之志；在古朴的文庙里，我们聆听了传统文化的讲座；在敬老院，我们为住在那里的爷爷奶奶表演节目，衷心祝愿他们安度晚年。最难忘的是去吉祥航空的训练基地，我们跟着漂亮的空姐学习礼仪，学习紧急救护的常识和动作，还体验了一把飞机上应急处理的过程。

丰富多彩的社会实践活动让我们长了知识，开了眼界。看着记录册上的一个个小红章，我真的很开心。

青少年艺术活动中心的朗诵兴趣班

参加青少年艺术活动中心的朗诵兴趣班，不知不觉已经两年了。在这里，我们在老师的指导下朗诵古今中外的经典作品。重音、停顿、抑扬、情绪……不知不觉，我在朗诵的技巧方面也有了小小的收获。

黄浦区青少年艺术活动中心真是个好地方，它位于繁华的福州路上。这里有很多兴趣爱好班可以选择，下课后，再去逛逛书店，或者买点可爱的文具，算是对自己的一点小小犒劳和奖励。

帆船夏令营

我们有许多丰富多彩的活动，总是能增长新的见识，认识新的朋友。

名词解释

风向：风吹来的方向。

迎风：风从船首方向吹来，也可以叫顶风。

横风：风从船的左侧或右侧吹来。

吃水：指船体在水面以下的深度。

信号旗：帆船比赛时裁判员组织和指挥比赛的用具。

风向角：指风向同帆船首尾连线之间的夹角。

左舷受风：当风从船的左侧吹来，主帆位于右舷，这时的帆船就是左舷受风。反之则是右舷受风。

注意：

1. 船员首先要掌握的知识之一就是天气方面的知识。
2. 穿宽松的衣服。操作帆船需要很多动作，所以要穿能给人足够运动空间的衣服。
3. 登船时不要急着大踏步上船，应该小步走到船的中央，以免船体过度摇晃。

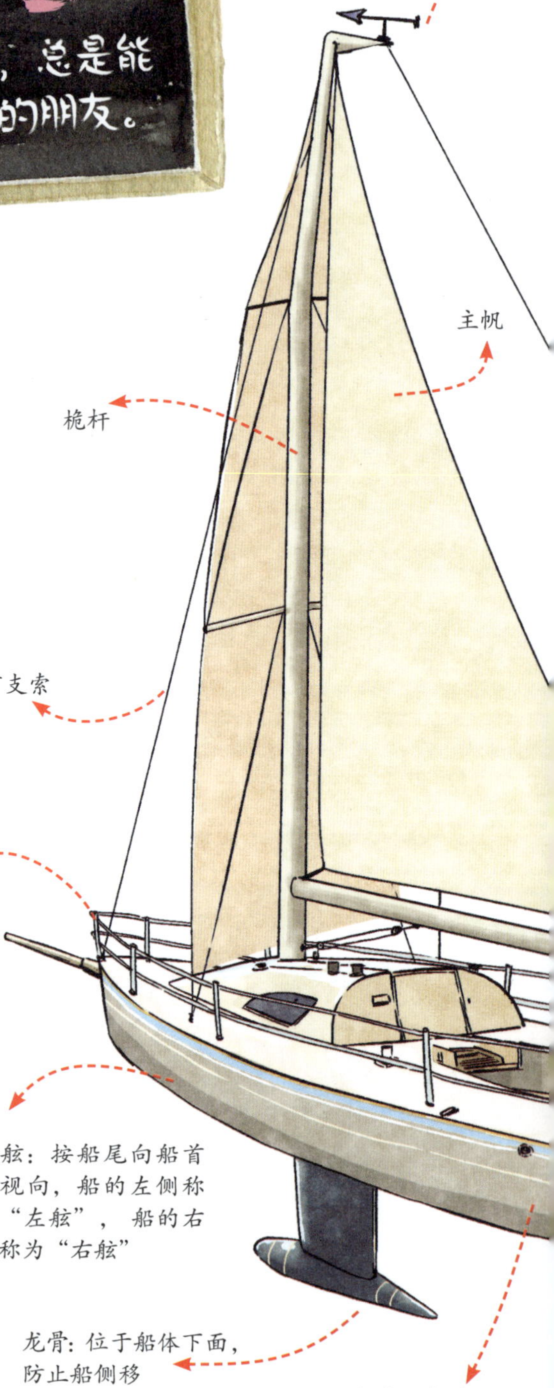

帆船是利用风力前进的船，已经有约 5000 年的历史了。帆船种类很多，其中，单桅多帆的帆船比较常见。

驾驶方法一：依靠船舵来驾驶
推拉操纵杆，让帆船改变航向。

驾驶方法二：依靠重量来驾驶
通过帆和自身重量来改变帆船运动方向。

驾驶方法三：依靠帆来驾驶
松开主帆，使船转向顺风的方向。

帆船绳结又称水手结，帆船很多部位都是通过各种不同的绳结连接的。

丁香结：将防碰垫绑在船舷围栏上，临时固定使用，简单易结。

8 字结：通常打在绳子的末端，防止绳索脱落。

单套结：主要用于绳索与帆的连接。这种结很结实，解起来也很容易。

缩帆结：这种结是在航海时收缩船帆用的——当海上风渐渐变大的时候，用这种结帮助减少船帆受风面积。

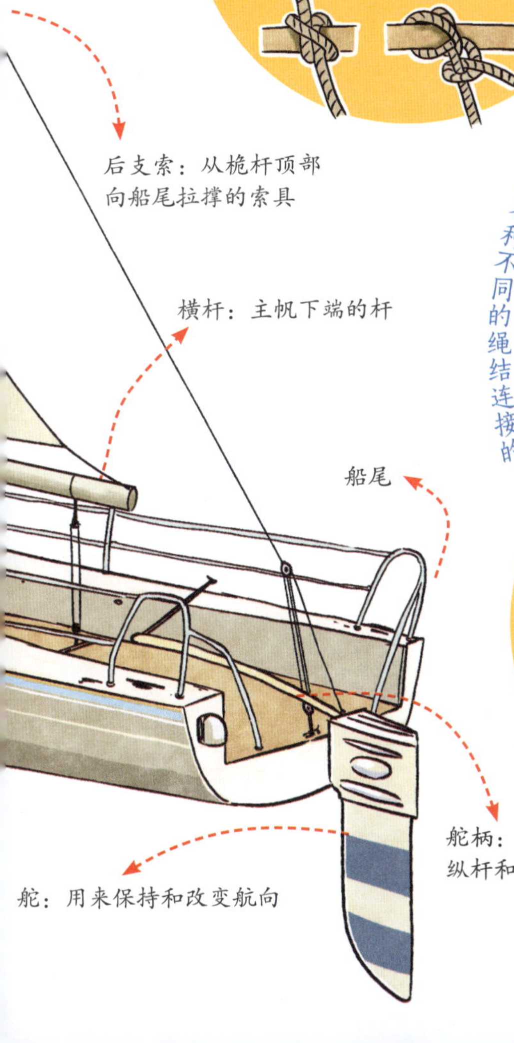

东南名园冠——豫园

豫园由明代造园名家张南阳精心设计，有“奇秀甲于东南”的美称。来上海，豫园是必须打卡的地方。现在就跟着我一起去逛一逛吧！

豫园的历史

豫园与城隍庙相邻，是一座私人园林，已经有400多年的历史了。豫园的主人是潘允端，他为了让父亲安享晚年，在自家住宅附近建造园林。经过近20年的辛苦经营，豫园才终于建成。“豫”有“平安”“安泰”的意思，取名“豫园”就是为了表达让长辈平安健康的心愿。

张南阳，明代造园家。从小就跟着父亲学画画，后来以叠造假山和造园而出名。豫园、日涉园、弇园等东南名园都出自张南阳之手。

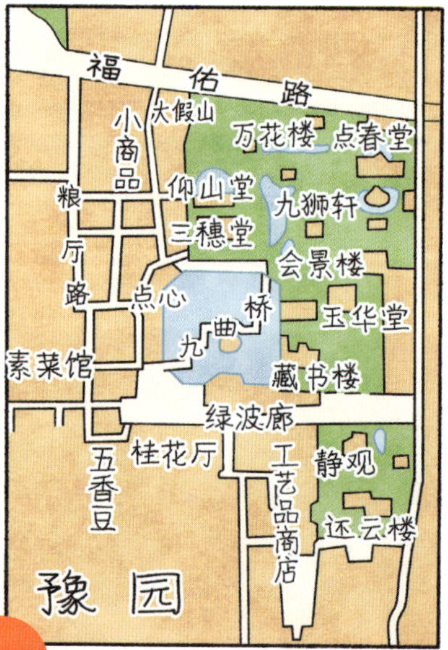

穿云龙墙

龙墙是豫园的特色，共有形态各异的5条龙。穿云龙墙位于点春堂西面，用泥塑成龙头，用瓦片做成龙身的鳞片。此外，还有大假山后的卧龙，和煦堂西的双龙戏珠，内园“可以观”前的眠龙，都是豫园的特色。每次去豫园，站在龙墙下我都觉得很震撼，尤其是穿云龙墙，感觉这条龙随时都会腾云起飞。

昆曲发源于苏州昆山，敬爱的周恩来总理就很喜欢昆曲，称它是曲坛上幽香扑鼻的“兰花”。豫园建成时正是昆曲广泛流传的时候，豫园主人潘允端成立了戏班，在豫园进行了多场演出，这对昆曲的传播和发展起到了重要作用。和丰楼4层有一座“海上梨园”，现在去还能欣赏到纯正的昆曲演出，欢迎你来感受哟！

古戏台

豫园的戏台被誉为“江南第一古戏台”。戏台顶部的藻井由22层圆圈和20道弧线相交而成，中心是一面圆形明镜，四周有28只金鸟展翅欲飞，十分精美。戏台还巧妙地运用了声学原理，能产生“余音绕梁”的声响效果。

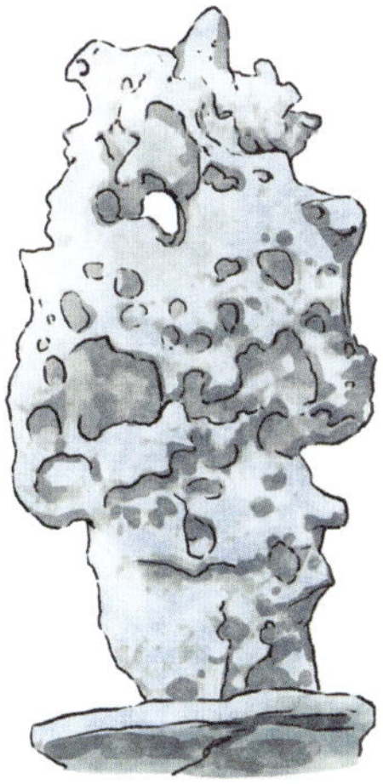

玉玲珑

豫园镇园之宝，与苏州冠云峰、杭州绉云峰，并称“江南三大奇石”。玉玲珑约3米高，重3吨左右，皱、瘦、漏、透是它的特色。“皱”是说石头上有很多褶皱；“瘦”是说石头本身很苗条；“漏”和“透”则是因为上面有很多孔，像蜂巢一样。据说每个石孔都是相通的：在上面倒水，每一个石孔都会流水；在下面点香，每一个石孔都会冒烟。真是太神奇了！

湖心亭与九曲桥

豫园花园正门前荷花池中的湖心亭与九曲桥是豫园名景，也是上海地标性建筑之一。

九曲桥九曲十八弯，每个弯的角度都不一样。而且每个弯曲处的石板上都雕刻了一种季节性花卉，像一月水仙、二月杏花、三月桃花……直到十二月蜡梅。桥头和桥尾的两块石板上则各雕刻着一朵荷花。九曲桥可以通往湖心亭，每年元宵节都有盛大的灯会，简直人山人海，我是一定会去凑热闹的啦。

我爱豫园的窗户和屋顶

大人们说豫园的假山和玉玲珑最漂亮，但我有自己的看法。我觉得豫园的窗户和屋顶最好看。因为豫园的窗户有圆的，有方的，有菱形的，还有六角形的，每扇都像是一个画框，走到哪里，都可以看到美丽的景色。还有一种窗户是实心的，里面镶着精美的砖雕，有竹、松、桃、梅花鹿、仙鹤，还有小孩子和神仙。屋顶上则有武将骑着马，还有各种小动物。每次去我都要用很长的时间观察这些窗户和屋顶，每次都能有新的发现呢！

奇妙的博物馆之旅

想了解一个地方、一段历史，博物馆是再好不过的去处了。上海博物馆、上海铁路博物馆、上海科技馆、上海自然博物馆……上海有这么多的博物馆，一起来看看吧！

上海博物馆：兽面纹里的历史

有朋友来上海，爸爸总是推荐他们逛逛上海博物馆。去上海博物馆必看青铜馆，去青铜馆则必看大克鼎。

大克鼎高93.1厘米，口径75.6厘米，重201.5千克。它的颈部装饰着三组对称的变形兽面纹，特别精美。更加珍贵的是，鼎内壁铸有290个字的铭文，是研究古文字和西周历史的重要资料。它可是上海博物馆十大镇馆之宝之一哟！

除了青铜馆，我还特别喜欢去明清家具馆和钱币馆。明清家具馆里的家具大部分是王世襄老先生的藏品。

王世襄，著名文物专家、收藏家。他的研究范围很广，涉及书画、雕塑、烹饪、建筑等方面，被人们称为"京城第一大玩家"。1985年，他的著作《明式家具珍赏》在香港出版，填补了中国人在明式家具研究方面的空白。

上海自然博物馆：鹦鹉螺里的奇遇

上海自然博物馆本身就像一个巨大的鹦鹉螺，盘卧在静安雕塑公园中，里面各种各样的化石和标本，吸引着每一个小朋友。我最喜欢里面的昆虫墙，上面有各种各样的蝴蝶和其他昆虫，真是五彩缤纷呀！

马门溪龙化石是上海自然博物馆的标志性藏品，长 22 米，肩高 3.5 米，是世界上最大的恐龙之一。站在马门溪龙化石面前，我觉得自己像只蚂蚁一样弱小。

上海世博会博物馆

如果你为错过上海世博会而懊恼，那么请来上海世博会博物馆吧。它是世界上第一座展示世博会发展史的博物馆，也是上海铭记城市精神的见证。“城市，让生活更美好”，这是上海市 2010 年世博会的宣传口号，也是上海努力实践的诺言。

上海世博会博物馆现有藏品 2.8 万多件，都有特殊的意义。我最喜欢去 2 厅——“进步之路”展厅，在这里可以通过视频、照片、藏品了解世界的发展和科技的进步，真的大大开阔了眼界。

对了，还有一个好消息：上海世博会博物馆是免费参观的哟！

如果你去上海浦东东方艺术中心观看演出，一定不要错过八音盒珍品陈列馆。据说，它是我国目前唯一一家八音盒专题博物馆，专门展出欧洲的八音盒。这些八音盒质量真好，虽然过了上百年，却依然完好如初。上次我和爸爸妈妈专门去看了八音盒，上好发条，人偶开始表演，小鸟开始歌唱，精灵开始舞蹈，真是美妙的视听享受。

上海科技馆：一场上天入地的科技之旅

动物世界、生物万象、地壳探秘、机器人世界、宇航天地、蜘蛛展厅、设计师摇篮……是不是光听这些名字，就觉得很好奇？上海科技馆，可以满足你的好奇心。

在这里，你可以乘坐电梯进入地壳深处，去观看火山爆发，去感受地震波动，去挖掘标本；你可以坐着宇宙飞船进入太空，去探索广袤的宇宙，去近距离观察天上的星星；你可以与机器人下棋，可以将手按在发光球上假装自己是魔法师，可以亲手设计一款自己喜欢的汽车。雨林、极地、沙漠，在这里，你都可以领略欣赏。

当然，最好玩的莫过于来一场 4 D 电影了，跟随考古学家穿越到史前恐龙时代。你的椅子会不停地摇动，翼龙溅起的水花洒到你的脸上，耳边还有各种恐龙的叫声，实在太刺激啦。

骑着单车逛弄堂

骑一辆单车，沿着北京东路、新闸路、延安中路、淮海中路、广东路、复兴中路等道路随便逛逛，美丽的法桐掩映处，闪烁着的老房子就一一呈现在眼前。

上海人的弄堂情结

弄堂的起源，要追溯到19世纪中期。太平天国运动兴起，大量难民涌入上海租界，使得地价暴涨。于是占地少、造价低的联排木板结构住宅应运而生，成为上海弄堂的雏形。弄堂虽小，但除做住宅外，香烟店、小食摊、手工作坊、旅馆、小工场、小报馆、咖啡馆、律师所……一应俱全，真应了那句“螺蛳壳里做道场”。

“尚贤”“寿康”“同益”“步高”“长乐”……每回和爸爸出去逛，他都会给我讲这些寓意美好的弄堂名，这里面都传递着一代代上海人的祈盼。

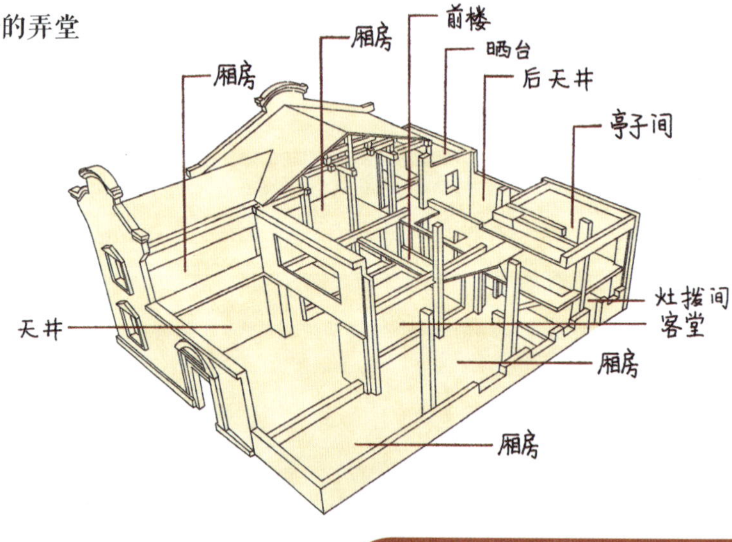

石库门

说起上海的弄堂，就绕不开石库门建筑。石库门建筑盛行于20世纪20年代，当时民居约有四分之三是这种风格。石库门建筑融合了江南民居和西洋建筑的式样，以石头做门框，以乌漆实心厚木做门扇，所以叫“石库门”。

老式石库门建筑一进门是一个天井；天井之后就是客堂，是主人会客和宴请的地方；天井和客堂两侧是左右厢房，后面有木扶梯可以通往二楼；再往后是后天井，后天井后的附屋一般是厨房和储藏室。

石库门建筑之间留出的过道，就是我们说的弄堂。

田子坊

田子坊是我的最爱，没事我最喜欢缠着爸爸去田子坊玩。我所说的田子坊并不是单指泰康路 210 弄，而是包括附近思南路、复兴路在内的一大片区域。孙中山故居、思南公馆、周恩来总理曾居住过的周公馆都在这里。累了，就到田子坊里逛逛特色小店：用印有自己名字的珠子串一条手链，和好友买一件象征友谊的文化衫，坐下来喝一杯奶茶，吃点臭豆腐、烤鱿鱼……

当然，这里还有许多艺术家创办的工作室。正是他们的到来，让田子坊一直焕发着勃勃生机。

渔阳里

我们学校经常组织一些很有意义的教育活动，参观渔阳里弄堂就是其中之一。上海有两个渔阳里：新渔阳里位于繁华的淮海路，老渔阳里位于南昌路，距今已经有上百年历史了，是建党前夕上海共产主义者最重要的活动场所之一，团中央机关旧址、《新青年》杂志编辑部都曾设在这里。我一边听着导游讲解，一边想着当年热血青年在这里聚集、工作、学习的场景。他们就像一根根火柴，燃烧自己的青春岁月，照亮祖国的未来，真是太令人敬佩了！

长乐村

长乐村位于黄浦区陕西南路，是一片花园里弄住宅，著名的艺术家、文学家丰子恺先生的故居“日月楼”就在这里的 39 弄 93 号。丰子恺在这里住了 21 年，创作了大量散文、随笔和画作。我真想进去看看，可是因为这里还有私人住宅，不能参观，所以只能在外面看看啦。

如果留意，在上海的弄堂里，类似的名人故居还有许多，如梅兰芳、巴金、张大千、徐志摩、傅雷、何香凝等人的故居。欢迎你来他们曾居住过的地方看一看，这是深入了解他们的好方法哟！

位于兴业路 76 号的中共一大会址，是一座典型的石库门房子。它原本是中共一大代表李汉俊和哥哥李书城的寓所。1921 年 7 月 23 日，中国共产党第一次全国代表大会在这里召开，后来被密探发现，才转移到嘉兴南湖的游船上继续举行。

虽然经过改造，但是它仍保持着当年的风貌：门框上箍着米黄色的石条，门楣上有半圆的红色雕花和花饰，看起来朴素又有历史。

上海的节日

你知道上海的城隍爷是谁吗？除了胶牙糖，上海人还用哪几样东西祭灶王爷呢？金秋桂花飘香时，欢迎你来上海参加旅游节。

春节

如今的春节，传统的年味越来越淡了，但留意一下，其实我们只是换了一种方式：三十熬夜看春晚，不就是守岁吗？初一起来换新衣裳，不就是迎新吗？红红的春联、门神、窗花和福字，不就是喜气吗？大人们忙着在手机上抢红包，图的就是个吉利。商店年前歇业，初五迎财神，都还是老样子。饺子不管是包的还是买的，总归要吃的。

但是，要说上海年味最浓的，我觉得还要数豫园的灯会。最好看的就是九曲桥一带，匠人们精心设计了大型彩灯：莲花灯、童子灯、狮子灯、凤凰灯……各种各样的灯看得我眼花缭乱。小孩子坐在大人的肩头，手里拿着糖葫芦，眼睛盯着彩灯，高兴得咿咿呀呀，太有意思啦。

我们冬至还有吃“甜白酒”的习俗。甜白酒又叫酒酿，用大米、玉米等为原料，先用清水浸泡，然后再上锅蒸熟，晾凉后装入容器中，撒上甜酒曲，再搅拌均匀，然后放在温暖干燥的地方静静等待它发酵就好啦。以前奶奶会自己做酒酿，现在妈妈都是去超市买做好的，回来煮一煮就可以吃啦。甜白酒的营养价值特别高，可以加鸡蛋或者年糕等一起煮，酸酸甜甜，我每次都能吃一大碗。

冬至

上海人很重视冬至，“有得吃，冬至夜；呒（ḿ）得吃，冻一夜”，所以我们冬至这天的“圆夜饭”那叫一个丰盛。晚上，全家人围坐在一起，吃一顿丰盛的冬至夜饭，特别有仪式感。冬至这天的饭桌上必须有一碗热乎乎的汤团，又叫“冬至团”，一碗下肚，团团圆圆，和和满满。妈妈煮汤团的时候，我可喜欢在旁边看啦，圆乎乎、白胖胖的汤团在大锅中上下翻滚，没有一个破皮的，腾腾的热气瞬间将冬天的寒意都驱散了。

汤团现包现煮，我们家的汤团都快有我一个拳头那么大了。妈妈准备了很多馅料，有鲜肉、花生、枣泥等。我最爱的还是经典黑芝麻馅儿的，一口咬下去，芝麻止不住地往外淌，实在是太香啦。

送灶王爷

传说每年腊月二十四灶王爷要上天向玉皇大帝报告每户人家的善恶，人们不希望他说自己的坏话，于是用胶牙糖来讨好他。胶牙糖又甜又黏，可以粘住他的嘴巴。

除了胶牙糖，上海人还有几样祭灶的东西特别有趣：慈姑、老菱、芋艿（nǎi）。慈姑的谐音在上海话里意思是“是的”，老菱谐音“老灵”，芋艿谐音“唔呐”。上海人希望灶王爷吃了这三样东西，在玉皇大帝面前说：“是的，老灵，唔呐。”意思就是：是的，这一家人特别好，没问题的。

慈姑长在水里，有圆圆的脑袋，还有一根小尾巴，非常可爱，而且营养价值也很高哟！
老菱指的是邵伯老菱，是四角菱，看起来像一个水饺。
芋艿就是芋头，吃起来糯糯的。我国的芋头主要生长在珠江、长江和淮河流域。

桃花节

上海人赏桃花的历史由来已久。从 1991 年起，每年春天南汇区（2009 年已并入浦东新区）都会举办桃花节。南汇种植了大量桃树，这里出产的桃子，无论是黄桃还是水蜜桃都非常好吃。桃花节时，可以买一把漂亮的彩色纸伞，在桃林里拍一张照片，体验一回“人面桃花相映红”的感觉；或者跟着果农一起为桃树剪剪枝，剪下来的桃花可以带回家插起来哟！

桃花节除了可以赏桃花，还能欣赏各种表演，体验骑马、赛车、钻蒙古包、赶牛车等各种游戏。我喜欢摄影，每年桃花节都拿着爸爸的相机跑来跑去，遇上舞狮队伍，我也会钻进去拍个不停。

旅游节

从 1990 年开始，每年秋天桂花飘香的时节，上海都会举办热闹的旅游节。旅游节持续 20 多天，有传统的花车巡演，还有彩船游江、烟花绽放、城市灯光秀……每个节目我都很喜欢。每年，还会有世界各地的表演团队来参加旅游节，把最新的创意呈现给大家。旅游节期间，上海许多景点门票都只收半价，可以省不少钱呢。

独特的城市名片

古老的、现代的，中国的、西方的，各种元素碰撞融合，赋予了上海独特的魅力。这里名人辈出，这里特色分明，一起来看看代表上海的“名片”吧。

东方明珠

东方明珠电视塔坐落在浦东陆家嘴，它高约468米，曾经是上海的最高建筑。远远望去，东方明珠塔就像一串大糖葫芦。最上面的“小糖球”距离地面351米，是一个观光层，站在那里，可以俯瞰夜上海的万家灯火。

东方明珠塔内还有一个上海城市历史发展陈列馆，馆内采用高科技手段，将文物、道具和模型集于一体。转一圈就可以了解上海历史，多好呀！

徐光启

徐家汇旁的光启公园里长眠着一位上海名人——徐光启，徐家汇名字的由来也和他有关。

徐光启是土生土长的上海人，他可真是一位全才呀！天文历法、地理农业、军事科技，样样精通。他和传教士利玛窦一起翻译了《几何原本》，将西方的数学、地理等知识引入中国，因此被誉为中国第一个“睁眼看世界”的人。

徐光启身上闪烁着上海人最显著的求真务实的精神，我一定要像他一样，用严谨的态度对待学习。

傅雷是现代著名的翻译家、文艺评论家。他扎实的文字功底、严谨的治学态度，让译作广受好评。不过，我更喜欢他写给儿子的《傅雷家书》，字里行间能感受到他真是一个严肃又温柔的老爸。

如果你想了解傅雷，可以去参观他的旧居：一处在江苏路安定坊，傅雷大量译作都是在这里完成的；另一处在浦东周浦镇，是他青少年时期生活的地方。

利玛窦　徐光启

叶企孙

钱学森

钱学森和叶企孙

他被誉为“中国航天之父”“中国导弹之父”“中国自动化控制之父” “火箭之王”，他就是我国伟大的科学家钱学森。

钱学森出生于上海，少年时看到日本人的飞机经常来轰炸，于是下定决心要学一门能把日本飞机打下来的本事。正是出于这样的爱国情感，钱学森才在美国学成后毅然决然地回国效力。

叶企孙是土生土长的上海人，他的老家就在现在的文庙附近。他当过清华大学理学院院长兼物理系主任，钱学森当年考试，还是他破格录取的呢！如果说钱学森是千里马，那叶企孙就是伯乐。叶企孙为人低调，为国家发掘培养了王淦昌、钱三强、邓稼先等许多顶尖人才。

姚明和刘翔

姚明和刘翔，一个被誉为上海的“高度”，一个被誉为上海的“速度”。

身高 226 厘米，NBA 状元秀，8 次入选全明星，劳伦斯世界体育奖体育精神奖获得者：姚明为中国的体育事业做出了巨大的贡献，他的精神也激励着无数人。

雅典奥运会男子 110 米栏冠军，中国体育田径史上，也是亚洲田径史上第一个集奥运会、国际田联大奖赛总决赛冠军和世界纪录保持者等多项荣誉于一身的运动员——刘翔，被誉为“中国的飞人”。

谦逊而努力，有韧劲、敢拼搏是他们共同的特点，也是上海人的群体特征。

磁悬浮

如果你要去浦东机场，我建议你坐一坐磁悬浮列车。只要 8 分钟，就可以从浦东机场到达龙阳路站，这里是上海地铁 2 号线、7 号线、16 号线和在建的 18 号线的换乘站，非常方便。

磁悬浮，就是利用磁场让列车悬浮在轨道上运行。上海的磁悬浮列车运行线是中国第一条磁悬浮路线，列车最高时速能达到 430 千米。爸爸跟我说，磁悬浮列车是当今全球最快的陆上交通工具，代表着“新上海速度”，实在是太炫酷啦！

老上海品牌

上海手表、凤凰自行车、蝴蝶缝纫机、回力球鞋、老凤祥首饰、光明牛奶、大白兔奶糖……提起上海，就会想起这些耳熟能详的老品牌。如今，它们虽然有的没落了，有的依然生机勃勃，但是关于上海的回忆，一定少不了它们。

生于斯，长于斯，写作于斯，成名于斯，张爱玲无疑是最能代表上海的作家之一。乱世的上海，她把目光投向普通人，写出了《金锁记》《倾城之恋》《红玫瑰与白玫瑰》等传世的文学经典。她平淡、自然、真实的笔触摹画的正是那时的上海，是上海人的生活。

你会说上海话吗

上海话是一种吴语方言，是上海本土文化的重要根基。你能听懂上海话吗？跟着我一起学一学这“软糯”的方言吧。

历史悠久的吴侬软语

上海话是吴语的代表之一。吴语也叫“吴方言”，主要分布于上海、江苏南部（不包括镇江及其以西地区）和浙江，以及江西、福建和安徽的小部分地区。它起源于松江话，距今已有700多年的历史。

上海早期人口主要是从松江地区聚集而来的。当时，苏州府和嘉兴府发展得很快，经济发达，文化繁荣。相对而言，松江府则比较落后，松江话发展得也很缓慢，受它影响的上海方言也保留了许多古老的语音和词语。

1843年上海被迫开埠以后，大量移民涌入，他们的方言对上海话影响很大。因为苏州话是吴语的代表，而宁波移民比较多，所以苏州话和宁波话这两种方言对上海话影响最大，逐步形成以上海本地话为主，多种吴语共存的新上海话。大量外国人到来，外语尤其是英语对上海话又产生了一定的影响，给上海话输入了新的血液。

由此可知，上海话的最大特色，一是软糯，二是包容。

沪剧

沪剧，顾名思义，就是用上海话演唱的戏曲。它最早发源于民间，后来慢慢发展成为一种地方戏，主要流行于上海、江苏、浙江的部分地区。沪剧委婉柔和，是上海文化的典型代表，代表曲目有《罗汉钱》《芦荡火种》《白毛女》等。

2006年，沪剧被列入第一批国家级非物质文化遗产名录。

跟我学几句地道的上海话吧！

上海话	普通话
侬	你
伊	他（她、它）
阿拉	我们
伊拉	他们（她们、它们）
王丝王	大不了这样了，无所谓了
吃生活	挨打，一般用于大人教训小孩时
对勿起	对不起
下下侬	谢谢你

（本页方言多为音译，不以其文字为准）

用手机扫一扫，
听听他们在说什么吧！

（本页普通话翻译多为意译，
非逐字逐句翻译）

牛牛：今天的新闻你看了吗？

珍妮：什么新闻？

牛牛：上海迪士尼马上要造第八大主题园区啦！

珍妮：这个园区是什么主题呢？

牛牛：疯狂动物城。

珍妮：太棒了，我喜欢！兔子朱迪实在太可爱了。

牛牛：我最喜欢闪电，那只树懒。

珍妮：真希望它明天就建好。

牛牛：等建好了咱们一起去玩。

珍妮：好的。

“吃得开”的海派风味

“吃得开”常用来形容那些人脉很广、八面玲珑的人。就“吃”来讲，这说明了上海人饮食开放包容的特点，形成了不拘一格、博采众长的海派风味。

浓油赤酱的本帮菜

上海本帮菜最大的特点是“浓油赤酱”，就是油多、酱油多、糖多，做出的菜颜色发红。

这似乎和人们印象中上海人的精致有点不一样。其实，浓油赤酱，一来可以下饭；二来因为上海多雨水，尤其是梅雨季节，食物很容易变质，所以做得重口味一点，可以存放久一些。

浓油赤酱的代表菜主要有响油鳝糊、红烧肉、红烧油爆虾、草头圈子、油酱毛蟹等，每一道都是我的爱！

四大金刚

提起“四大金刚”，上海人第一反应就是油条、大饼、豆浆和粢（cī）饭团。

大饼是炉里烤出来的干饼，有咸、甜两种味道。粢饭团是用糯米饭裹住油条、肉松，再卷紧捏实，吃起来非常有嚼劲。油条和豆浆，上海人自有一套吃法：油条可以蘸酱油吃，豆浆里放点虾皮和香油，也是不一样的味道哟！

在相当长的时间里，“四大金刚”是上海人早餐的标配。尽管现在人们的选择更多了，但“四大金刚”仍然是上海街头最常见的早餐。妈妈总说，我们吃的不仅是食物，也是回忆呢！

青团是上海人清明节都要吃的传统点心：将艾草的汁拌进糯米粉里做成皮儿，再包上不同的馅料。青团糯糯的，有艾草的清香，再配上丰富的馅儿，一口下去，简直太满足了！沈大成、功德林、王家沙这些老字号都有青团卖，但我最爱的还是杏花楼的青团，艾草的香味特别浓。告诉你一个小窍门：将青团加热再吃，这样艾草香气会更加浓郁哟！

小笼、汤包和生煎

小笼，薄薄的皮，馅以肉、虾为主。要先轻轻咬一小口，把里面的汤汁吸出，不然，汤汁很容易溅到身上。

汤包，要比小笼大很多，软软塌塌的。吃的时候，要先拿吸管从顶上插进去，慢慢把汤汁吸出来喝掉。听妈妈说，馅儿里包了皮冻，蒸熟后才能有这么多汤汁。

生煎，其实也是包子，大小介于小笼和汤包之间，底部煎得金黄焦脆，上面还是软软的，吃起来感觉很奇妙。

我不怎么喜欢吃汤包，小笼我最爱吃豫园里南翔的，生煎我最爱吃大壶春的，味道真不错！

大富贵：上海的老字号

德兴馆、大富贵、大壶春、绿波廊、老正兴、杏花楼、老半斋……提起这些百年老字号，上海人如数家珍。它们拥有悠久历史、特色菜肴，已经成为上海人舌尖上的记忆符号。

这里我要重点介绍一下大富贵，因为它是我最熟悉的老字号。大富贵创建于1881年，原来叫“徽州丹凤楼”，后来改成“大富贵酒楼”。大富贵有几十家分店，店里有小笼、生煎，还有我最爱吃的炸猪排、锅贴，葱油拌面、辣酱面也是我爱吃的。我们家经常买大富贵的熟食和凉菜，比如桂花糖藕、糖醋小排、凉拌马兰头等。它家的鲜肉大包、大麻球也很不错。

如果有机会，欢迎你来，我带你去大富贵坐一坐，吃上一顿。

欢迎来我家做客

上海人一般不在家里请客吃饭，只有特别亲近的朋友，大家在一起无拘无束，才会请对方来家里吃饭。焖一锅菜饭，炒一份排骨年糕，再蒸上一锅大闸蟹，待客的硬菜就有了。

菜饭

菜饭的“主力”是米饭、青菜，再加点香肠和咸肉。肉里不多的油水被米饭和青菜吸收，香而不腻；米饭和青菜吸了油，又变得软糯可口。这种荤素搭配可以说是简单而有滋味。我近距离观摩过妈妈做菜饭，其实很简单：先把饭和各种原材料在锅里加油翻炒，再盛入电饭锅里焖上就行啦。吃菜饭省时省力，可口又营养。

饭在上海人的日常用语里很常见：“吃白饭”是批评不劳而获，“吃生米饭”是比喻态度生硬，“吃萝卜干饭”是形容旧时学徒生活。很有趣吧！

排骨年糕也是妈妈的拿手菜：将年糕切成片，和炸过的排骨一起炒。排骨硬，年糕糯。年糕吸收了油腥，吃起来很香；肉也不腻，酸酸甜甜。这道菜是全家人的最爱。

白斩鸡

白斩鸡肉很嫩，本身没有什么味道，吃的时候要蘸酱油或放姜末的特制调料。调料顺着鸡肉丝钻进去，香而不腻，特别好吃。听爸爸说从前每个人每月能吃到的油少得可怜，炒菜都不够用，更别提煎炸了。所以，只需要用水焖煮再蘸酱油吃的白斩鸡，就成了上海人喜爱的一道菜。

但是如果你听上海人讲某人“白斩鸡”，这可并不是说他有口福，而是说他做了竹篮打水的无用功，被人“斩”得很厉害的意思。

吃螃蟹

秋风响，蟹脚痒。意思是说，秋天一到，螃蟹就会爬上岸来。所以，秋天菜市场到处是卖螃蟹的。

吃螃蟹，吃的就是个原味。把螃蟹放在锅里或蒸笼里蒸上二三十分钟，剥了壳蘸着姜醋吃就行了。我最爱吃螃蟹金黄色的膏和大螯里的肉。爸爸吃螃蟹的时候总爱喝黄酒，说能驱寒，边吃边喝，别提多开心了。

你知道怎么分辨螃蟹的公母吗？告诉你，看它们的肚子！圆圆的像盾牌的是母蟹，挂着一个大钟模样的东西的则是公蟹。

清炒塌棵菜

“十一月里冷呵呵，鲜菜吃到油塌棵。”这是上海民谣《十二月吃经》里的句子。塌棵菜非常肥美，又叫河豚菜。经过雪覆盖的塌棵菜味道更佳，用它和冻豆腐一起炖汤，味道美极了。即使清炒，塌棵菜的口感也很特别。家里来客人，妈妈总爱做这道菜，她说这是很有上海特色的一道菜，而且清炒最能体现她的厨艺，所以它的“翻牌”率特别高。

塌棵菜在上海、南京一带栽培得最多。它的叶片是圆形的，呈墨绿色。塌棵菜是冬季主要蔬菜之一，味道鲜美，营养价值也很高。

菜名的名堂和好口彩

上海人吃饭，向来很讲究好名堂和讨口彩，年夜饭更是每道菜都要有好寓意。象征大富大贵的红烧肉、团团圆圆的八宝饭、年年有余的糖醋黄鱼、心想事成的响油鳝糊、春降人间的腌笃鲜、甜甜蜜蜜的酒酿圆子，都是桌上必须有的。蛋饺和肉烧蛋也是常见的，一个叫“金元宝”，一个叫“元宝肉”。还有发菜、黄豆芽也是必备的，因为它们象征“发财”。这一圈吉祥菜吃下来，我的肚子就溜圆啦。

珍妮和牛牛的菜谱

你想在家品尝地道的上海美食吗？让我来教你吧！

四喜烤麸

四喜烤麸是一道经典的上海菜。烤麸是用生面筋为原料，高温蒸制成的，像海绵一样有很多气孔。很多店都有做好的烤麸，买回来加工一下就可以吃了。上面的小洞将各种滋味吸收均匀，吃起来特别香，有嚼劲。

主料：烤麸、木耳、干香菇、花生、黄花菜

辅料：酱油、白砂糖、盐、料酒、油、香油、桂皮、八角

操作步骤：

1. 将烤麸切成小块，在开水里烫 2 分钟捞出，挤出里面的水。
2. 锅内倒油，油热后放入烤麸，先用小火慢慢煎出残留的水分，然后中火炸透，捞出来沥油。记住不要炸得太老，吃的就是烤麸那股柔中带韧的感觉。
3. 炒香桂皮和八角，放入烤麸和温水泡发的香菇、木耳翻炒，加白砂糖、盐、料酒、酱油，再加水，小火焖煮 10 分钟。
4. 加入花生、黄花菜炒匀，煮到汤汁收得差不多了就可以出锅啦。
5. 放凉后淋一点香油。

1. 花生要煮熟去掉红衣，黄花菜要去根打结，这样才更有嚼头。
2. 泡发香菇的水别倒掉，可以加进锅里，味道会更浓郁。
3. 烤麸焯水后，先用清水冲洗后再挤压水分，可以去掉它的酸涩味。

腌笃鲜

腌笃鲜的名字就很有意思：“腌”是咸肉；“鲜”指鲜肉，一般是五花肉或肋排；“笃”据说是指小火慢炖，但如果从偏旁部首来看，它似乎也可以指这道菜必不可少的一种食材——春笋。这是奶奶的拿手菜，每次都会煮一砂锅。我最爱吃里面的咸肉和竹笋，真鲜呀！

主料： 咸肉、五花肉、春笋、百叶结

辅料： 姜、葱、花雕、料酒

操作步骤：

1. 咸肉要多浸泡一会儿，去除咸味。将咸肉和五花肉都洗净切块，煮两三分钟，把上面的浮沫去掉。
2. 春笋去皮，切小块。煮一两分钟，去掉涩味。
3. 锅里加水，将五花肉和咸肉放进去，大火烧开，再把浮沫撇清，这样的汤才够清亮。
4. 加入花雕、料酒、姜片、葱段，中火炖到五六分熟；再加入春笋、百叶结，小火炖煮大概1小时。
5. 最后尝尝味道，淡的话可以适当加一点点盐，就可以出锅啦。

1. 咸肉最好是瘦的多肥的少，也不要放太多，不然会太咸。五花肉肉块大小要适中，不要切得太薄。
2. 春笋不要拦腰切，最好从中间竖着切开，露出里面的隔层，像一个个小房间，看起来漂亮，吃起来也有嚼头。
3. 煲汤用砂锅更好。水要一次加足，不能中途加冷水。
4. 想要汤更加鲜美有味，还可以加入一些鲜虾。

1

2

5

6

9

10

13
復旦大學

3

4

7

8

11

12

14

1

外滩

外滩最早是黄浦江边的滩地，是一条拉船的纤夫长年累月踩踏形成的纤道。如今，它是上海的标志地。站在外滩的栏杆前，眼前就是黄浦江，对面是高楼林立的陆家嘴，背后就是号称“万国建筑博览群”的海关大楼等几十座中西建筑。外滩的夜景是最美的，如果赶上灯光秀，那就更美了。

2

陆家嘴

外滩对面一块凸出的嘴形滩地，因为曾是明代翰林院学士陆深的旧居“后乐园”和祖墓所在地而得名。如今，陆家嘴高楼林立，东方明珠电视塔、金茂大厦、环球金融中心、上海中心大厦都矗立在这里，是世界著名的金融中心。

5

南京路步行街

闻名中外的南京路步行街最初只是供马匹进出跑马场的通道，叫“大马路”，后来才改名为南京路。南京路是上海最繁华的商业街，见证了十里洋场的热闹，也经历了华洋竞争的激烈。如今的南京路，店铺林立，霓虹闪烁，悠扬的萨克斯管乐仿佛让人回到当年的老上海。坐上漂亮的小火车逛一圈，别提多开心了。

6

人民广场

人民广场是上海的心脏，它连接南京路和淮海路这两条上海最繁华的商业街，又是上海市人民政府所在地。绕着它兜一圈，音乐厅听场音乐会，博物馆里看看展览，大剧院里听一场歌剧，杜莎夫人蜡像馆里和蜡像合个影，福州路上买点书，逸夫舞台听听传统戏曲……你可以享受到丰富的文化盛宴，可以领略到极致的商业繁华。

9

豫园

作为上海市唯一保存完好的江南古典园林，豫园吸引了不少游客。它始建于明朝，原来是四川布政使潘允端的私人花园。园里的镇园之宝当数“玉玲珑”太湖石，据说每个石孔都是相通的：你在上面倒一盆水，每一个石孔都会流水；在下面点上香，每一个石孔都会冒烟。真好玩！

10

中华艺术宫

中华艺术宫里面展出了许多近现代的中国美术家的作品。爸爸说中华艺术宫最大的藏品就是中华艺术宫本身，因为它就是2010年上海世博会的中国馆，是世博会的永久见证。它采用了传统的斗拱造型，像一个巨大的红色华冠矗立在黄浦江畔，被誉为“东方之冠”。

13

复旦大学

“日月光华，旦复旦兮。”《尚书大传·虞夏传》里的这段话告诉我们“复旦”得名的由来。创建于1905年的复旦大学，一开始就宣告了它浓郁的传统文化气质，洋溢着教育救国的浪漫主义精神。如今的复旦，已是世界一流的高等学府，为国家培养了大量优秀的人才。

3 黄浦江

如果说苏州河是上海的母亲河，那黄浦江就是上海的黄金水道。沿着它往下走，可以入江出海；往上走，可以到达太湖等水系。上海的灵动、富饶都离不开这条江。如今，黄浦江两岸修了自行车道和慢跑步道，市民和游客沿江而走，可以看到壮观的南浦、卢浦等大桥，还能欣赏两岸的美丽风景。

4 外白渡桥

外白渡桥位于苏州河和黄浦江的交界处，是连接市区和沪东的枢纽。1856 年，英国人威尔斯在现在的外白渡桥附近造了一座木桥，向中国人收税，引起人们强烈反抗。租界工商部不得不在 1873 年又造了一座新桥，因为不再收钱，所以又称“外白渡桥”。后来，它改建为钢桁桥，就是我们现在看到的样子。

7 上海博物馆

上海博物馆创建于 1952 年，它位于人民广场，和上海大剧院遥相呼应。圆顶方体的造型既像青铜鼎的形状，又暗合“天圆地方”的传统观念。上海博物馆馆藏珍贵文物 14 万余件，包括青铜器、陶瓷器、书画、货币、家具等 31 个门类，其中青铜器最为独特，大克鼎堪称国之瑰宝。

8 佘山

佘山分东、西两山，东佘山海拔 74 米，西佘山海拔 98 米，因为古代有姓佘的人聚居于此而得名。在它的顶上，有著名的圣母大教堂和天文台。如今，在佘山脚下，人们利用原来采石的深坑建成世茂深坑洲际酒店，这是全球海拔最低的五星级酒店，想不想来体验一下？

11 钟书阁

在上海，书店最多的路那一定是福州路。但要说到最美的书店，那就非钟书阁莫属了。钟书阁，顾名思义，就是钟爱读书的地方。每一个喜爱读书的人到了这里，都会情不自禁地发出惊叹。它被誉为“中国最美书店”，入选“世界十大最美书店”。

12 朱家角古镇

朱家角是上海著名的历史文化名镇，这里有许多古迹，其中大清邮局是清代上海地区 13 家主要通邮站之一，也是目前华东地区唯一留存的清代邮局遗址。

沿着石板路步行要比乘船观赏更好，因为能更真切地闻到满街的粽子香，能够凑近去看稻草扎肉的红亮，能够捏一块微黄的姜糖搁在舌尖慢慢品尝……

14 城隍庙

这一带是上海著名的老城区，已经有 600 多年的历史了，庙宇和园林把这里点缀得古色古香。城隍庙前的美食老街可以品尝各种上海传统小吃。每年元宵节，城隍庙装点上各种灯笼，一边逛一边吃小吃，是感受上海风情的好方法。

附录

图片版权说明

全书图片的版权说明如下：

- P10 左中（“九子”游戏），P13 左中（沿着黄浦江骑行）、右下（精彩的社会实践活动）、P35 图片 4 和图片 11，宋士广提供；
- P10 右下（10 岁生日会）、P11 左中和中中（叮咚！现在是社团时间），宋玉洁提供；
- P18 左下（上海博物馆：兽面纹里的历史），P20 右下（石库门），P21 左上（田子坊），P29 中上（生煎）、中中（小笼），芦岩提供；
- P22 左下（春节），P28 左上、左中和右上（浓油赤酱的本帮菜），P31 右中和右下（菜名的名堂和好口彩），龚培馨提供；
- P34 图片 2，谢延风提供；
- 其他图片来自“图虫创意”图库网站（上海图虫网络科技有限公司）。

加入阳光秀美童书书友会

扫一扫，加入阳光秀美童书书友会

只要完成以下两步，就能第一时间获得最新书讯和活动消息！

1. 扫二维码，关注阳光秀美童书馆公众号；

2. 成功关注后，发送您的微信号，就能敲开童书馆的大门！

更多亲子课堂、好书分享等你来哟！

“去旅行”系列大家庭

“去旅行”系列由中法合作，以不同国家和城市的日常生活为切入点，介绍英国、德国、日本、印度、葡萄牙等6个国家，及北京、广州、贵阳、重庆等国内9个城市，内容涵盖文化、生活、教育等方方面面。最新版本加入6个新的特色城市，并采用新的形式、新的包装，是一套绝佳的综合性儿童知识百科书。

人文知识 | 语文诗词 | 历史典故 | 地理常识

英国
美国
德国
意大利
西班牙
日本

俄罗斯
印度
挪威
葡萄牙
摩洛哥
塞内加尔

贵阳
重庆
苏州

北京
杭州
哈尔滨
广州
成都
西安

建筑奇迹 | 风土人情 | 饮食文化 | 方言精髓

跟我游天津

雅　楠　著
王梦珊
彭程远　绘

去旅行（中国版2）

广西科学技术出版社

图书在版编目（CIP）数据

跟我游天津 / 雅楠著；王梦珊，彭程远绘. —南宁：广西科学技术出版社，2021.10
（去旅行：中国版. 2）
ISBN 978-7-5551-1615-8

Ⅰ. ①跟… Ⅱ. ①雅… ②王… ③彭… Ⅲ. ①天津—概况—儿童读物 Ⅳ. ①K922.1-49

中国版本图书馆CIP数据核字（2021）第179618号

GEN WO YOU TIANJIN

跟我游天津

雅楠 著　　王梦珊 彭程远 绘

策划编辑：蒋 伟 王滟明　　责任编辑：付迎亚 聂 青
责任审读：张桂宜　　责任校对：张思雯
书籍装帧：于 是　　内文排版：孙晓波
责任印制：高定军　　视频制作：尹霄霄
营销编辑：芦 岩 曹红宝

出 版 人：卢培钊　　出版发行：广西科学技术出版社
社　　址：广西南宁市东葛路 66 号　　邮政编码：530023
电　　话：010-58263266-804（北京）　0771-5845660（南宁）
传　　真：0771-5878485（南宁）
经　　销：全国各地新华书店
印　　刷：雅迪云印（天津）科技有限公司　　邮政编码：301500
地　　址：天津市宁河区现代产业区健捷路5号
开　　本：850mm × 1000mm 1/16
印　　张：2.5　　字　　数：50千字
版　　次：2021年10月第1版　　印　　次：2021年10月第1次印刷
书　　号：ISBN 978-7-5551-1615-8
定　　价：108.00元（全6册）

目录
CONTENTS

欢迎来到天津

俗话说：“百年中国看天津。”天津从古时起便是一个繁华的城市，在近代的风云史上更是留下了浓墨重彩的一笔。是什么吸引着大家来这里游览探寻呢？

大家好，我是爱打网球的李耕瑶

我叫李耕瑶，今年10岁啦，已经上小学四年级了。我的爸爸经营着一家低碳住宅企业，妈妈则专心在家照顾我们。我喜欢运动，游泳、马术、打网球都是我的爱好。其中我最喜欢的就要数打网球了，每周我都要练习1次，每次2个小时。周末我常常和爸妈一起出去玩，去海滨广场散步，看解放桥高高打开，再慢慢闭合，那是我们天津人的骄傲！

大家好，我是键盘手孟文尊

我叫孟文尊，今年上六年级，爸爸在一家通信公司工作，妈妈的工作和文化产业有关。我的爱好特别广泛，比如踢足球、打篮球、画画、弹钢琴等。我最喜欢音乐啦，还组建了一支乐队，叫作“星火乐队”，我担任键盘手。每到周末，爸妈常带我去五大道，这是我最喜欢的地方！五大道被称为“万国建筑博览园”，各式各样的建筑深深吸引着我，在这里能发现天津丰富多彩的历史痕迹，值得一去再去！

举足轻重的交通咽喉

天津这颗渤海上的明珠，自古以来便是重要的交通枢纽。这里是海河的五大支流交汇、入海的地方，被称为“河海要冲”，从明朝漕运兴盛以来便是连接北方大部分城市与海外的重要通道，“津”的意思就是天子经过的渡口。如今天津仍然是重要的交通城市，不仅有中国最大的人工港之一天津港，辟有通往中国沿海各大城市和国外的航线，还有通往国内各大城市的航空线。这里还是京哈、京沪铁路和京沪、京津唐等高速公路经过的地方，是海上丝绸之路的战略支点、“一带一路”的交汇点，可以说是举足轻重的交通咽喉。

中文名： 天津
外文名： Tianjin
别名： 津沽、津门
行政区类别： 直辖市
所属地区： 中国华北地区
下辖地区： 16个市辖区
地理位置： 华北平原东北部，东临渤海，北依燕山，西靠首都北京
面积： 约1.19万平方千米
著名景点： 五大道、意式风情区、鼓楼、天津之眼、海河风景线等

注：本章的城市基本情况
各种信息均以2021年9月前信息为准。

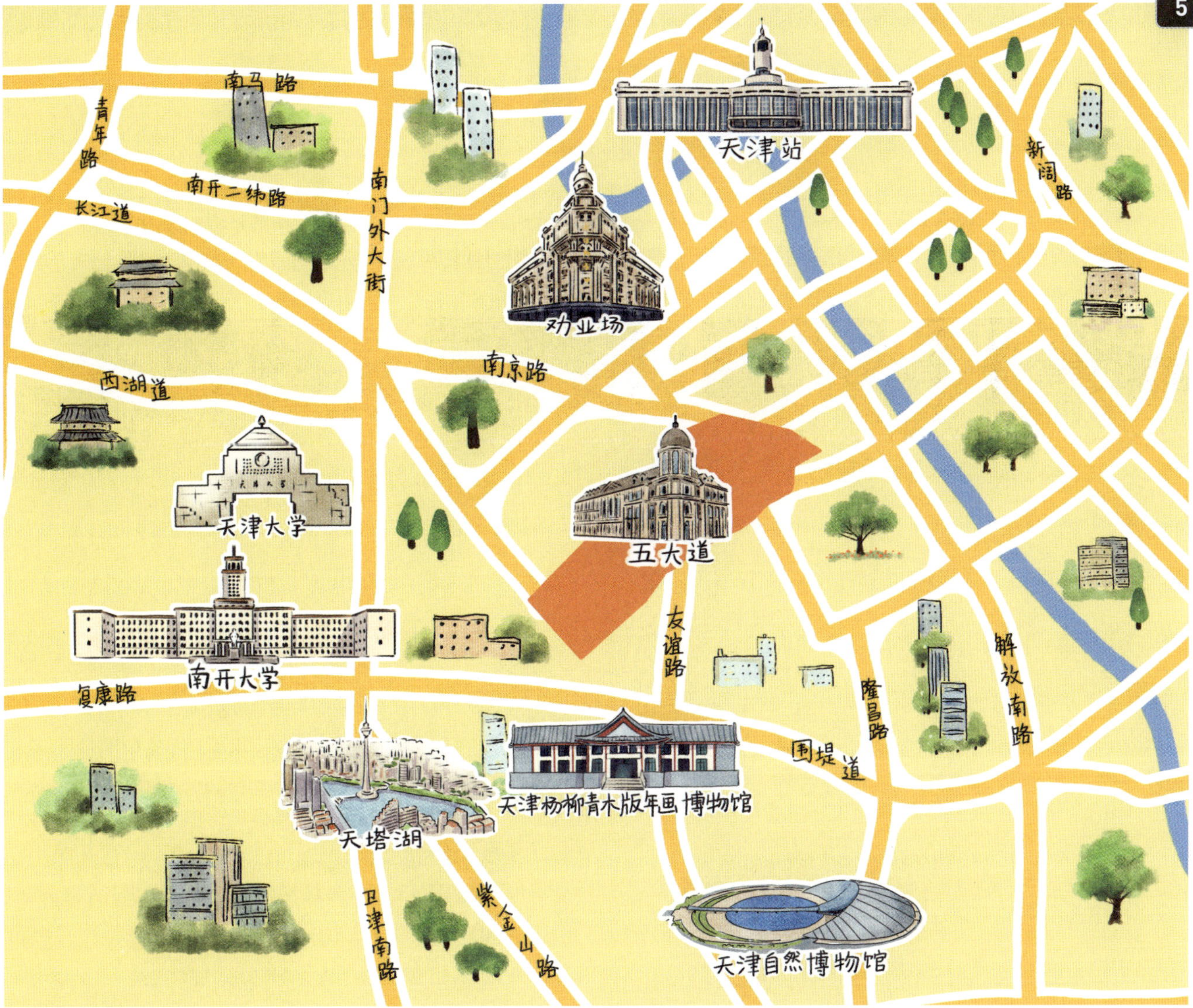

从冬天直接到夏天

天津的气候整体来说是四季分明的，但春天特别短，每年仿佛都是从冬天直接入夏，刚刚脱掉羽绒服，就可以换上短袖T恤了。在难得的春天，空气也总是很干，妈妈总提醒我要多喝水，注意涂抹润肤霜。但这样的天气也正是天津的特色。每年我最盼望的就是秋天了，10摄氏度左右的气温，冷暖适宜，外加成片的金黄色落叶林，整个天津都仿佛被笼罩在童话的梦幻中。随之而来的，便是诱人的冬天。虽说冬天户外气温会降到零下三四摄氏度，但是有暖气的室内会格外暖融融的，如果能再迎来一场鹅毛大雪，那就再完美不过了！每年到下雪的时候，爸妈都会带我到附近的公园、广场去堆雪人，赶上周末还能去蓟州滑雪场痛痛快快滑一场雪，简直太开心了！

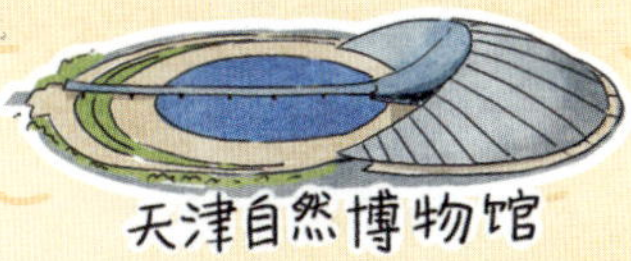

开放包容的工业名城

天津是最早对外开放的商埠之一，而且地理位置特殊，在中国近代史上占据着重要地位。数不清的风云人物汇集于此，留下了别样的风情和故事。

历史大事记

隋朝末年，大运河开通，南运河与北运河的交汇处成为天津的发祥地，位置在现今天津的三岔河口。

元朝时，设海津镇，又称直沽。到现在“直沽”两字在天津人的心中都有很深的印象，有些地方还被称为“大直沽”。

明建文二年（1400年），燕王朱棣改直沽为天津；永乐二年（1404年）正式置天津卫。

1860年，帝国主义强迫清政府开放天津为商埠。

1949年，天津被设为中央直辖市。

1958年，改属河北省。

1967年，恢复为直辖市。

1984年，辟为对外开放城市。

无数的“中国第一”

天津在隋朝时就已经是重要的港口城市了。近代东西方文明的碰撞使天津成为一座开放包容、生机勃勃的工业城市，无数个“中国第一”诞生在天津市。中国第一个手表品牌“五星”、第一个自行车品牌“铁锚”、第一座开启式钢桥金华桥、近代第一所大学北洋大学堂（天津大学的前身）……天津成为“第一”城市，与它独特的地理位置和特殊的历史是分不开的。你想来天津看一看这些“中国第一”吗？

东方华尔街

天津的解放北路可是有着“东方华尔街”之称的金融一条街。从19世纪末期开始，这里就兴建起各种银行、商号，是比当时的北京更加繁荣的金融中心。现在走在这条绿荫道上，还能看到两侧不同风格的高大建筑。这些老建筑的大门外都耸立着高高的立柱，虽然乍一看没什么区别，但是仔细观察这些柱子的柱头，会发现它们都被雕刻成不同的模样：用卷曲的花叶装饰的是科林斯柱式，有旋涡形装饰的是爱奥尼亚柱式，柱头是简简单单的倒圆锥台的则是多利克柱式。它们的样式都来源于古希腊神庙中的柱子。

和平路的浙江兴业银行旧址已经被改建成了星巴克，走累了可以随时去歇歇脚，喝杯清爽的饮料，还能参观旧时银行的内部构造。

市花市树

天津有“月季之乡”的美称，南运河和子牙河沿岸都是月季的产区。月季四季常开，盛开时颜色鲜艳，花香沁人心脾，天津人把它选为天津的市花，甚至还为它举办了市花节。我们的市树是绒毛白蜡，这种树的树叶细长青翠，树冠亭亭如盖，引入不久就成了道旁和居民区里最受欢迎的树种。在丁字沽，你能看到20多米高的绒毛白蜡呢！

名流聚集的利顺德大饭店

天津有一座国内历史最久远的饭店——利顺德大饭店，1863年就已经建成，建成后名流聚集，民国时期的多位总统都曾住在这里，梅兰芳先生也曾在这里下榻。利顺德饭店是国内最早引入电灯、电话、电梯、现代消防措施的饭店，还拥有自己的发电机，这些珍贵的文物现在仍然保存在饭店里。利顺德饭店是国内唯一一家被批准为国家级文物保护单位的酒店，现在仍然在营业，同时也是一座酒店博物馆。

超前的商业中心

很久以前，天津就有了一座现代的商业中心，这里聚集了商铺、餐厅、戏院等，把娱乐和商业集中在一个地方，许多现代的购物中心仍然在沿用这种方式。这里便是高星桥建立的天津劝业场，“劝业”的意思就是鼓励人们努力从事工商业。据说这里以前是一片芦苇荡，后来划归法租界，成为小商贩聚集的水果市场。高星桥看到了这里的发展前景，便买下这块地，决心创建天津最大的商场。“劝业场”这座7层建筑只用了不到1年的时间就建成了，经历了洪水、大地震依然屹立不倒，现在仍然是一座大家喜欢的商场。

一条河孕育一座城

海河被称为天津市的“母亲河”，天津的建立、发展、繁荣兴盛都离不开这条蜿蜒穿过市区的河流。

金汤桥 金汤桥的历史比解放桥更加久远，建于1906年，取“固若金汤”之意，是天津现有的最早建造的大型铁桥之一。金汤桥也是开启式大桥，但和解放桥不同，它是平行旋转开启的。

永乐桥 天津之眼就建在永乐桥上。设计者将桥、摩天轮和商业设施创造性地结合到一起，使天津之眼成为世界上唯一一座建在桥上的摩天轮。永乐桥原来叫“慈海桥”，后来才改成这个名字。

解放桥 这座桥1927年就建成了，原来叫万国桥，因为当时的天津是九国租界；也有人说1902年建成的老龙头桥是它的前身。1949年这座桥改名为解放桥。

解放桥是一座从中间开启的钢桥，开启时桥面从中缝向上打开，可以使大船顺利通过；关闭时则可以行路通车。从1927年第一次打开桥面起，解放桥已经经历了90多年的风吹雨打，现在只有在节假日或者特殊的时期才能见到解放桥开启的盛况了。

大沽桥 大沽桥又被称为“日月拱桥”，因为桥上设计有两个拱：大拱面向东方，象征初升的太阳；小拱面向西方，象征月亮。大沽桥是世界著名桥梁设计大师邓文中院士设计的，曾经荣获桥梁设计建造最高奖尤金·菲戈奖。

海河是华北地区最大的水系，由潮白河、永定河、大清河、子牙河和卫河在天津汇合而成，东流入海。这里曾经是中国北方最繁忙的河道，无数船只在这里出海，将国内的物资远送海外，也将海外的风物引入国内。海河的支流还是京杭大运河的重要组成部分，国内南北贸易流通离不开这条潺潺流动的大河，可以说它推动着整个海河平原地区经济的繁荣昌盛。而海河冲积而成的海河平原又给天津提供了千里沃土，使这里成为名副其实的鱼米之乡。京都门户、水陆要冲的地理位置同时也影响着天津人的性格，形成天津独特的风俗文化。

海门大桥 海河下游的海门大桥是我们国家第一座垂直提升式钢桥。它开启时，桥体垂直向上提升，使大型船只从下方通过，是我国目前开启跨度最大、提升高度最高的直升式钢结构跨河桥。

天津港 天津港是世界航道等级最高的人工深水港，有海港和河港两部分。这里原本叫作塘沽新港，经历过一段几乎瘫痪的时期，1952 年重新开港，15 万吨级的船舶都可以在这里的航道畅通无阻地航行。这里还有一座 56 米高的灯塔——大沽灯塔，有将近 20 米都在水下。这可是中国自行建造的第一座海上灯塔。

八桥十景 海河不仅是天津的母亲河，也是天津的独特景致。乘船夜游海河已经是来天津游玩的人不能错过的项目了。你能看到这里著名的“八桥十景”：狮子林桥、金汤桥、进步桥、北安桥、大沽桥、解放桥、赤峰桥、金汇桥 8 座桥梁，以及古文化商贸街、望海楼教堂、意大利风情区、袁世凯宅邸、音乐广场、天津市规划展览馆、金街商贸区、世纪钟、天津站广场、百龙戏水等 10 处景观。

京杭大运河 在三岔口汇入海河的南运河，是京杭大运河中重要的一段。京杭大运河是古代最重要的水利工程之一，北起北京，南至杭州，途经包括天津在内的两市四省，全长 1747 千米，从春秋末期就开始挖凿使用了，现在仍是“南水北调”工程的主要通道之一。

在学校的一天

我的学校生活超级精彩，除了每天的课业，还有各种拓展活动、自选课程，甚至还有自己的专属小农场！

准备去上课

要上课啦！早上6：40我就得起床了，吃完早饭按时上学。我在岳阳道小学上学，学校7：30开始晨间早读。如果提前到了学校，还可以参与晨读前的“晨曦30分”活动，大家一起进行体育活动，锻炼锻炼身体，也为一天的学习做好热身！8点我们正式上课，上午有4节课，第二节课后有20分钟的大课间活动，老师会带我们做广播体操，还有各种趣味体育项目。午休后，下午的课从1：20开始，一般是每天下午4节课，但周二下午是休息的。周三、周四下午上完2节课后，会有素质拓展课，这是我最喜欢的课了！

课间“大作战”

学校特意给我们编排了适合不同年级同学的素质操和课课练项目，做完课间操，大家就根据自己的兴趣参加不同的体育项目，比如绳梯攻城、曲线运球、投包入筐、旋风跑等，特别开心。你问我最喜欢的是哪项？当然是绳梯攻城了！我们通常分成两个队伍比赛，地面上铺着3个绳梯，每队的第一名队员用3种不同的动作跳过绳梯，然后快速跑回起点和下一名队员击掌接力。所有队员都要这样跳过绳梯，先完成接力的队伍获胜。我们还有更加温和的课外活动，比如“探秘科技”研学活动，大家一起搭建积木塔。

运动场上，大家合力曲线运球

午餐一周不重样

我们班大部分同学是在学校吃午饭的。天津大部分小学的午餐是校外公司制作配送的，菜谱会提前一周公布，每天三菜一汤，一荤两素，一周都不会重样，营养非常丰富。我很喜欢吃土豆烧牛肉、西红柿炒鸡蛋，还有紫薯、南瓜这样的粗粮。每天在班里还会有老师陪我们一起吃饭，在盛汤的时候也会有“每日执勤志愿者”轮流值守，帮助大家维持秩序。

学校为我们安排了79门自选课程，每学期我们有2次网上选课的机会，受欢迎的课程会在10秒内被选完。每到开始选课的时候，大家都笑称这是“校园双11”又来了。

吃完饭，我们通常会在教室里一起午睡一会儿，为下午上课存续体力。

专属小农场

在学校教学楼的顶层，有一个属于我们自己的“小农场”。在这个小农场里，我们可以认领自己喜欢的植物。贴上我的名字，这株小植物就完全属于我了，我要照顾好它的吃喝，关爱它的成长呢！其实，这是我们的“物联网种植”生态课程，四年级的同学都可以上这门课。这个小农场是一个物联网的研究小天地，农场里的空气、土壤变化和植物的生长状态都能通过终端连接到爸爸妈妈的手机上，我能通过手机App随时监测，在家里就能远程操作浇水、施肥。在市区的学校里有这样一片接近大自然的小农场，你是不是也想来和我们一起上课啦？

公立学校更受欢迎

在天津，公立小学采取的是划片入学的政策，按照学校的分布、适龄学生人数等，就近入学。虽然天津每个区都有各具特色的民办小学，但还是公立小学更受欢迎。与公立小学不一样的一点是，民办小学提供的是有偿教育，公立小学则是义务教育。

博物馆里看天津

我喜欢去博物馆，这里藏着天津的前世今生。天津的博物馆数量不算很多，但每座博物馆都收藏着非常珍稀的宝贝，各有独到之处，跟我来看看吧！

天津博物馆

博物馆在天津人的生活中扮演着重要的角色，津门的悠久历史都藏在这些博物馆中。周围的小伙伴都很喜欢历史，我和另外两个小伙伴就一起报名到天津博物馆当志愿者，成为一名小小讲解员。天津博物馆有6层，在这里，你能了解到与古代天津和近代天津相关的知识，还能欣赏各种精美的展品。这里还有《雪景寒林图》，它是天津博物馆的镇馆之宝。如果假期的时候你来参观，说不定我还可以成为你的讲解员呢！

天津博物馆、天津自然博物馆都在天津文化中心里。这里还有天津图书馆、天津美术馆、天津科技馆、天津大剧院、天津青少年活动中心等，可以消磨一整天。每到假期我都会去文化中心。

天津自然博物馆

天津自然博物馆是最受大家欢迎的去处啦！这里不仅仅展出各种化石和模型，还将地球上的生物和环境编织成了一个完整的家，可以说是一个生动的地球主题展览馆。整个自然博物馆都以“家园”作为主题：从户外的“家园·足迹”主题到第一层的“家园·探索”主题，再到第二层的“家园·生命”，第三层的“家园·生态”。这在国内可是头一份！每一层的动物都被布置在它们生活的环境中，在这里可以直观地感受到，我们每一个人都是地球大家庭的一分子，每一种生命都和我们一样宝贵。

国家海洋博物馆

天津靠海，自然少不了海洋博物馆。位于渤海之畔的国家海洋博物馆可是国内唯一的国家级综合性海洋博物馆，这座4层的博物馆是一座白色的简约建筑，

看起来满满的现代感，走进馆里却像踏入了海底世界。展厅的屋顶上挂满了鱼群，配合蓝色的布景和灯光投影，博物馆本身似乎就是湛蓝的大海。在这里，不仅能见到寒武纪的远古海洋、现代海洋、中华海洋文明的发展，还能参观一个天文展厅，原来海洋与天文的关系这么密不可分。对了，这里还有一个欢乐海洋世界，小朋友最喜欢在这里玩耍，体验海底世界啦。不过我已经长大了，我更喜欢去海博电影院，更全面地了解海洋。

中国大戏院

你有没有听说过，天津有个别称叫“曲艺之乡”？许多种曲艺都是在天津诞生和发展的，这里也诞生了无数的曲艺大师。对曲艺的喜爱似乎是刻在天津人骨子里的，来到这里的人也或多或少会受到影响。早在1934年，京剧大师马连良、周信芳等就在这里集资兴建了中国大戏院，1936年开业时，当时的天津市市长张自忠将军还出席了开幕仪式。中国大戏院当时是华北最大的戏曲演出场所，最著名的京剧艺术家都曾来这里登台演出。中国大戏院承载了80多年的城市记忆，现在仍有演出，虽然已经没有当年座无虚席的盛况，但仍然是天津人最喜欢的戏院。

生

旦

戏曲是中国的传统戏剧形式，渊源于古代的散乐歌舞和俳优表演，汉代就有了歌戏、百戏和角抵。现在流传最广的戏曲是清代兴起的京剧，剧中人物分为生、旦、净、丑等行当。“生”是男性角色；“旦”是女性角色；“净”俗称花脸，一般是有突出特征的男性角色；“丑”则是丑角，有文丑和武丑。

净

丑

中华戏曲百花苑

我们国家幅员辽阔，地域和民族的差异让传统戏曲形成了各自独有的特色。我国戏曲剧种种类繁多，其中，京剧、越剧、黄梅戏、评剧、豫剧被称为中国五大戏曲剧种。

京剧

京剧有“国剧”之称，因形成于北京而得名。京剧舞台上的角色分为生、旦、净、丑4种。

生：除了花脸以及丑角以外的男性正面角色的统称。

旦：女性正面角色的统称。

净：俗称花脸，大多是性格、品质或相貌上有些特异的男性角色，化妆时要用脸谱。

丑：扮相不俊美的角色，一般在鼻梁上抹一小块白粉。

代表剧目：《沙家浜》《智取威虎山》《打金枝》

京剧脸谱最初的作用是用夸张的手法表现剧中人的特征，随着时代发展，脸谱本身逐渐成为一种具有民族特色的图案艺术。

红脸——忠勇

白脸——奸诈

黑脸——勇猛

黄脸——凶残

蓝脸和绿脸——草莽英雄

评剧

评剧起源于河北省东部，曾被称为“蹦蹦戏”或“落子戏”。评剧唱词浅显易懂，形式活泼、自由，善于表现现实生活，因此在城市和乡村有大量观众。

代表剧目：《白蛇传》《保龙山》《拜月记》

越剧

主要流行于上海、浙江、江苏、福建、江西、安徽等广大南方地区，以及北京、天津等大部北方地区，被称为“流传最广的地方剧种”。越剧擅长抒情，以唱为主。

发展初期，戏中角色的穿戴大多借用生活中的服饰。随着不断积累，越剧服装才形成了独有的淡雅清丽的风格。

代表剧目：《梁山伯与祝英台》《孔雀东南飞》《追鱼》

黄梅戏

黄梅戏起源于湖北黄梅县，原名黄梅调、采茶戏，流行于安徽、湖北和江西等地。

黄梅戏妆容不同于京剧的浓墨描摹，而是将重点放在眉眼上，类似于古代仕女的淡妆。

代表剧目：《天仙配》《牛郎织女》《孟丽君》

豫剧

豫剧是明朝时山陕梆子传入河南后，同当地民歌小调结合发展而来的，它的名称来源于河南的简称——豫。

豫剧妆容讲究“浓墨重彩”，用油彩上妆，而且画得很浓。受京剧的影响，豫剧的服饰现在基本与京剧相同。

代表剧目：《花木兰》《穆桂英挂帅》《七品芝麻官》

万国建筑博览园

静园

天津既古朴又洋气，在中国近代史上留下了浓墨重彩的一笔，也是过往历史融入现在生活的绝好例子。

张自忠故居

五大道无疑是天津特质的突出体现。这里曾经是外国的租界，众多名人在此居住，几乎聚集了欧洲同时期所有风格的建筑，现在仍然保留完好，因此被称为“万国建筑博览园”。虽然名字叫作五大道，这里其实是由 6 条道围起来的：马场道、睦南道、大理道、常德道、重庆道、成都道。不过常德道被民园文化广场截断，成了半条道。假期时我总喜欢去五大道走走，在马路边乘凉的大人随口讲起的一栋小房子，没准就是哪位名人的故居呢！

张园

张伯苓旧居

张伯苓先生是著名的教育家。1919 年，他和严修等筹办南开学校大学部，成立南开大学；1923 年和 1928 年创办南开女中部和南开小学部。他主张德、智、体、美四育并重，提倡科学，重视体育运动。张伯苓旧居是砖木结构的三层英式别墅，属于折中主义建筑风格。

李勉之旧居

李勉之是著名的民族企业家。他在五大道的旧居属于德式建筑：没有内院；楼体疏密有致；屋顶非常陡峭，建有阁楼，开有“老虎窗”，也就是开在屋顶上的天窗，可以给阁楼采光、通风。

民园文化广场

民园文化广场的前身是民园体育场，1920 年就开始建造了。1925 年，奥运冠军苏格兰人埃里克·利德尔受邀参与改造民园体育场，使这里成为当时亚洲最先进的综合性体育场之一。

庆王府

庆王府是原英租界中西建筑风格融合最完美的华人楼房。它建造于 1922 年，是清末太监大总管小德张亲自设计、督造的。1926 年，庆亲王买下了这座住宅并一直住到离世，因此这里被称为庆王府。庆王府依据中国传统园林布局，中心为四合院，院墙则采用西洋建筑手法，还应用了古希腊柱式；在室内的装饰上也注重将西式工艺与中式图案相结合。

天津外国语大学

天津外国语大学的主楼原本属于旧时的天津工商学院——法国人在天津创办的中国第二所天主教大学，建于 1925 年。这座三层的主楼是一幢经典的法式建筑，对称庄重，中心屋顶是平缓的方底穹隆顶，中央圆钟有巴洛克式的装饰。

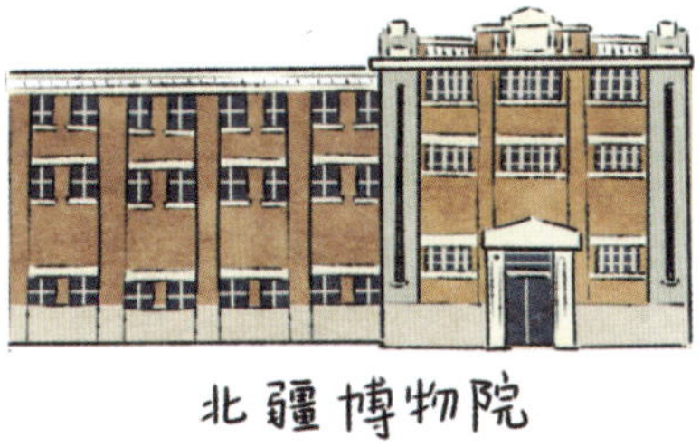

北疆博物院

北疆博物院是天津自然博物馆的前身，是中国最早的自然博物馆，位于天津外国语大学校园内。北疆博物院 1914 年由法国博物学家桑志华创建，1922—1929 年相继建成北楼、陈列馆和南楼，形成一座“工”字形建筑。

达文士楼

达文士楼是马场道上最早的小洋楼，墙面上还刻着它的建造年份——1905。这座楼原本属于一位德国军官，后来被卖给英国人达文士。达文士楼有着浅黄色水泥砂浆墙面、瓦楞铁屋顶，高低错落，素雅古朴，是一幢西班牙风格建筑。

疙瘩楼

意大利风格的联排式里弄住宅，1937 年由意大利设计师保罗·博内蒂设计，曾经是京剧大师马连良的居所。疙瘩楼的名字来源于这幢建筑外墙上不规则凸起的砖头，像很多疙瘩。

五大道原本是上层社会人士的居住区。这里的住宅几乎都是独立建筑，有封闭院墙和院落作为过渡空间；建筑也一般是沿着道路平行布局，强化了街道的生活功能。这也是当时的居民重视住宅私密性的体现。

虽由人作，

在中国传统建筑中，古典园林有着非常重要的地位，综合反映了中国古代哲学、宗教、文化、艺术的极高水平，是人类文明的重要遗产。

成都 • 杜甫草堂

巴蜀园林的代表，宋、元、明、清历代都有修葺扩建。草堂完整保留着明代弘治十三年（1500 年）和清代嘉庆十六年（1811 年）修葺扩建时的格局，是非常独特的“混合式”中国古典园林建筑。

佛山 • 清晖园

始建于明代，广东清代四大名园之一，“大园包小园”是它显著的建筑特点。岭南地区受西方影响较早，因此这里的园林在中国古典园林的基础上巧妙融合了西方园林的精髓。

扬州 • 瘦西湖

瘦西湖在清代康乾时期已形成基本格局，有“园林之盛，甲于天下”的美誉。因为水道弯曲狭长，而且位于扬州城的西北，因此被称为“瘦西湖”。瘦西湖主要包括长堤、徐园、小金山、五亭桥、二十四桥、万花园等景点。

宛自天开

绍兴·兰亭

晋代园林，是著名书法家王羲之的住所。东晋永和九年（353 年），王羲之邀请了 40 多位名流贵族在兰亭举行曲水流觞的盛会，并写下了被誉为“天下第一行书”的《兰亭集序》。

承德·避暑山庄

大型皇家园林，将皇家建筑和山川湖泊融为一体，还兼具了祭祀功能，是中国园林史上的里程碑。

避暑山庄与颐和园、拙政园、留园并称中国四大名园，1961 年被列为第一批全国重点文物保护单位。

苏州·狮子林

苏州四大名园之一，始建于元代，集中了江南园林亭台楼阁的人文景观。园内石峰林立，很多形状都很像狮子，因此得名“狮子林”。它是知名建筑大师贝聿铭的祖宅，后来贝氏后人将它捐献给国家，整修后对外开放。

北京·恭王府

最早是和珅的府邸，清朝咸丰年间成为恭亲王奕䜣的府邸，因此而得名。恭王府分前后两部分：前面是富丽堂皇的清代建筑，后面的恭王府花园则是仿照江南风格建造的古典园林。恭王府花园又叫萃锦园，是北京现存王府园林艺术的精华所在。

丰富多彩的周末时光

每周最盼望的就是周末了！海河游船、海滩休闲、长城马拉松、意式风情区散步……天津好玩的地方实在太多了。

天津有山有海，还有重要的湿地。天津最大的湿地要数北大港湿地，这里不仅能观赏到夕阳在芦苇丛中缓缓落下的美景，还是重要的候鸟栖息地，可以观赏到美丽的大天鹅、珍稀的东方白鹳。

顶天立地津沽棒

“津沽棒”是天津周大福金融中心综合体中主体建筑的昵称。它是天津市的新地标，一共有103层，高度超过500米，是中国第四高楼、世界第八高楼！登上顶层，就可以俯瞰整个滨海新区了。阴雨天气时，低垂的云层缭绕在津沽棒半腰，仿佛仙境一般，这时的津沽棒当真是“顶天立地”了。《航拍中国》第三季中，还特意介绍过高楼刺破云层的奇景。

千里之外运来的海滩

在滨海新区有一片金黄的沙滩——东疆港人工沙滩。没错，这片沙滩是一片人造沙滩，金黄的细沙全部是从千里之外的福建运来的。天津虽然靠海，但是这里的陆地以泥质为主，并没有形成天然的沙滩，所以天津人不辞辛苦建造起了这片美丽的沙滩。沙滩的缓坡设计可以防止退潮时沙子被海水带走；附近的防波堤坝可以阻挡海上漂浮物进入海滩，保持沙滩的洁净。

华北第一宅

南方有乌镇，北方有杨柳青镇。这里以“杨柳青年画”闻名天下，现在是天津有名的古镇,还保存着有“华北第一宅”之称的石家大院。

现在这里是杨柳青博物馆,收藏着杨柳青木版年画、泥人张、风筝魏等天津最有特色的民间艺术品。在这里还能亲自动手做年画呢。爸爸生日的时候，我在杨柳青年画体验馆亲自拓刻了一幅年画送给他做生日礼物，我们还穿上汉服，体验了一把传统文化的魅力。

退役航母成乐园

想零距离接触航母吗？来天津滨海航母主题公园吧，这里展出的是退役的真航母——基辅号航母，我们可以走上甲板，走进真实的航母操作室，一睹这艘曾经的海上“巨无霸”的风采。1970 年 7 月，基辅号在苏联开工建造，可以搭载 34 架飞机，甲板以上 8 层，甲板以下 9 层，曾经是苏联海军的象征。1994 年退役后，它在 2000 年驶入天津，成为航母主题公园的核心。

独乐寺

天津拥有中国现存最古老的木构楼阁建筑——独乐寺观音阁。观音阁外面看起来只有两层，实际上却是三层，其中第二层是暗层，中央是一个直通三层的空井。观音阁中保存着一座约 16 米高的观音像，庄重精美。这么独特的设计，在全世界都很少见呢。如果来了天津，你一定不能错过这里。

去长城上跑一次马拉松

每年 5 月的第三个周六，蓟州区黄崖关长城会开展一场别开生面的马拉松——黄崖关长城国际马拉松。它被誉为“全球最酷的十大马拉松赛事” 之一，也是最受外国人欢迎的马拉松之一，毕竟想在长城上跑马拉松，只能来中国！长城马拉松对选手的平衡和耐力有更高的要求，因为你要跨过 5164 级不规则台阶，攀爬超过 200 米的高度！不过，这一切都值得。因为你不仅能享受酣畅淋漓的运动，还能在长城上一览雄伟的山河，观赏长城如巨龙般蜿蜒的美景。

特别的节日

作为北方城市，除了过年吃饺子、二伏吃面条，天津也有自己独特的节日习俗。

过年贴吊钱儿、吃素饺子

天津人过年有自己的一套习俗。早在腊月初八，我们就要为过年做准备了，喝一碗暖暖的腊八粥，泡上几头大蒜，为正月备下腊八蒜和腊八醋。“二十三，糖瓜黏”，腊月二十三这天，家家户户都要买糖瓜。旧时糖瓜是用来祭祀灶王爷的，用饴糖做成瓜形糖球，甜甜蜜蜜，现在则成了小朋友最爱的甜食了。待到腊月二十九，我们就要全家出动贴“吊钱儿”了。“吊钱儿”取的是“掉钱”的谐音，用长方形的红纸刻成各种吉祥的图案，下边留几条长条，看起来像流苏一样，贴在窗外玻璃上或门上，随风舞动，年味一下就浓了起来。

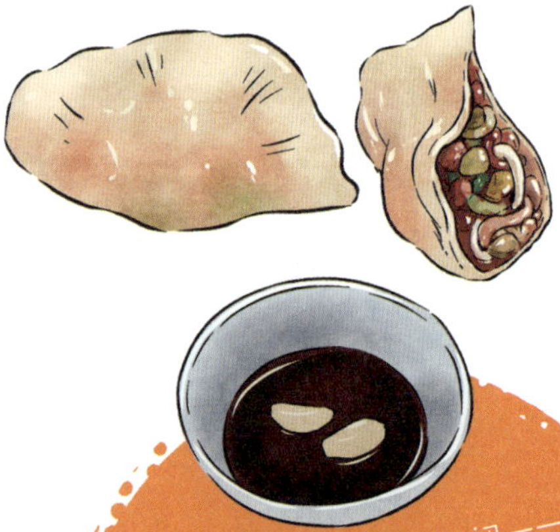

土生土长的天津人正月初一一定会吃素馅饺子，寓意新的一年素素净净、平平安安，饺子馅一定不能有荤腥。通常我们会用香干、面筋、豆芽菜等做馅，而且一定要有红色的粉皮，再用酱豆腐和麻酱调馅。讲究的人家，过了除夕夜的零点就开始煮素馅饺子了。

填仓填仓，干饭鱼汤

正月二十五是天津传统的填仓节。听名字就知道，这是祈愿丰收的节日。正月二十四晚上，妈妈会把春节前贴的吊钱儿撕下来，包上硬币放在床褥下，她告诉我这叫“打囤”，寓意钱粮到家。填仓节这天，我们要吃米饭、喝鱼汤，奶奶一大早就会去市场买回来活鲫鱼，然后炖一大锅奶白奶白的鲫鱼汤，给家里每个人都盛上一大碗。听老人们说，以前还会只喝鱼汤，把鱼留给小猫吃，希望家里的猫能捉尽老鼠，让粮仓不被老鼠咬。填仓节是春节期间最后一个节日了，过完填仓节，年也就接近尾声了。

二月初二吃焖子

“二月二，龙抬头”，这天也是重要的节日，北方城市的人们大多会吃饺子，而天津人讲究吃焖子。焖子是用绿豆粉做的，软嫩细滑，看起来有点像凉粉，但是更筋道一些。焖子切成条，用油煎过，拌上麻酱，加点醋和盐，还有一定不能少的蒜泥，真是太香了！奶奶做的煎焖子最好吃了，她还会炒一盘豆芽、鸡蛋，教我卷在大饼里吃。

三月逛皇会

天津皇会最开始是为了庆祝海神妈祖的诞辰。天津靠海，过去的人们相信妈祖会保佑大家从海上平安归来，因此在农历三月二十三日会举行皇会。现在，这一天成了热热闹闹的庙会。庙会上有各种表演：踩高跷、舞狮子、扭秧歌……让人大开眼界！还有各种好吃的零食、好玩的小玩意，每年我都盼着逛皇会。

中伏吃捞面

俗话说，头伏饺子二伏面。天津人中伏也吃面，而且吃的一定是捞面。捞面在天津人的生活里可有着重要的地位：将煮好的面条过凉水，配上新鲜的菜码和卤子，加上我们天津人吃面时离不开的蒜，清凉又爽口，连炎热的夏天都好过一些了。

独特的城市名片

天津曾是一个大都会，留下了许多文人雅士的动人传说，也流传着众多仁人志士的热血故事，形成天津独特的城市名片。

周恩来与南开大学

周恩来总理曾说：“天津是我青年时代的故乡。”天津在他心中的重要地位可见一斑。周总理曾经在南开学校求学，与天津结下了不解之缘。他是天津新文化运动的主要倡导者，发表了众多文章。年少的周恩来便已经心怀天下，时刻忧虑国家的未来，在文章中写下“闻鸡起舞，吾甚望国人之勿负是期也”的词句。天津求学的经历对周总理有着很重要的影响，新中国成立后，日理万机的周总理还曾3次重返母校。

俗世奇人冯骥才

将天津民俗描绘得最有滋有味的，要数冯骥才先生的《俗世奇人》了。他在小说中借用了天津相声的特点，用“捧哏”“逗哏”的互动方式，活灵活现地描绘了天津卫的市井图像。在他的笔下，有泥人张、狗不理这样手艺精妙的奇人，也有悬壶济世的苏七块绝不坏自己规矩这样的妙事。每次读冯先生的文章，总觉得是活生生的人物在自己眼前对话。

只见人家泥人张听赛没听，左手伸到桌子下边，打鞋底抠下一块泥巴。右手依然端杯饮酒，眼睛也只瞅着桌上的酒菜，这左手便摆弄起这团泥巴来；几个手指飞快捏弄，比变戏法的刘秃子的手还灵巧。海张五那边还在不停地找乐子，泥人张这边肯定把那些话在他手里这团泥上全找回来了。随后手一停，他把这泥团往桌上“叭”地一戳，起身去柜台结账。

吃饭的人伸脖一瞧，这泥人真捏绝了！就赛把海张五的脑袋割下来放在桌上一般。瓢似的脑袋，小鼓眼，一脸狂气，比海张五还像海张五。只是只有核桃大小。

——节选自冯骥才《泥人张》

“东方的莎士比亚”曹禺

著名剧作家曹禺先生虽然是湖北人，但他是在天津出生的，曾在南开大学求学。曹禺原名万家宝，中学时就喜欢参加新剧演出，南开新剧团的活动激发了他对戏剧的兴趣。23 岁那年，曹禺就创作出了经典话剧《雷雨》，被称为“中国话剧现实主义的基石”。新中国成立后，他又创作出了《王昭君》《明朗的天》等，这些作品现在也是百看不厌的经典话剧。

在天津，还保留着曹禺的旧居。

爱国武术家霍元甲

霍元甲是著名的爱国武术家，他自幼学武，八国联军侵占天津时，他与俄国大力士比武，迫使俄国大力士承认藐视中国人的错误。他还在上海击败了日本柔道高手，使英国力士闻风丧胆，没敢交手就跑掉了。霍元甲在上海创办的精武体操学校，是中国第一个民间体育组织“精武体育会”的前身。他的事迹在天津霍元甲纪念馆可以详细了解。

天津艺三绝

除了有狗不理包子、十八街麻花、耳朵眼炸糕这“津门三绝”，天津还有艺三绝：泥人张彩塑、杨柳青年画和风筝魏风筝。

泥人张彩塑是天津艺人张明山创造的彩绘泥塑艺术品，他把特制的胶泥精心捏制后，风干、打磨、烧制、上色，制成后的泥塑号称绝不会开裂。冯骥才就曾在《俗世奇人》中写过一篇《泥人张》，生动描写了泥人张的精湛技艺。

杨柳青年画在明朝就已经出现了，清代达到了鼎盛。当时杨柳青镇上有几百户人家制作年画，有人形容是“家家会点染，户户善丹青”。

风筝魏风筝是天津著名风筝艺人魏元泰制作的。魏元泰扎的风筝可以拆展折叠，一只大蝴蝶风筝折叠后能放到一个小小的信封里。加上色彩明艳、造型多变，放飞后平稳灵活，风筝魏风筝成为一绝，还拿到了巴拿马万国博览会的金奖。

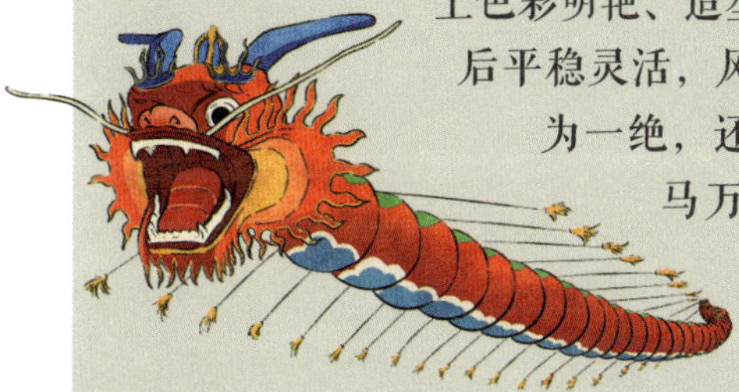

杨柳青年画工艺

1 **勾描：**根据构思好的图案设计线条稿，优化后用白描的方式勾勒在纸上。

2 **刻版：**将画稿反贴在木板上，按照样稿刻出线版；刻好线版后复印出几张稿样，在稿样上分出不同颜色，这一步是点套；再根据点套的稿样，分别雕刻出不同颜色的色版。

3 **印刷：**用刻好的线版和色版分别套色印刷。

4 **彩绘：**将印刷好的线稿或套色稿粘到特制的画绷子上，手工彩绘。

5 **装裱：**将绘制好的年画风干、装裱。

你会说天津话吗

来了天津，你可能还没到茶馆，就被逗乐了。天津话的幽默风趣那可是闻名全国的，要不咱怎么会被赋予“哏儿都”的称号呢？

天津话的来源

天津话利落爽快，和邻近的河北省、山东省的方言都不一样，这是因为，天津历史上经历过几次大移民，外来的方言对天津话的形成产生了很大的影响。明成祖迁都北京后，作为重要的屯兵卫所，大量来自安徽、江苏一带的官员及其家属来到天津驻守，他们的方言也被带到了这里。清朝时，许多达官贵人在天津修筑住所，北京话和天津话开始相互影响。后来天津开埠，天南海北的人齐聚这里，也对天津的方言产生了影响。

俏皮刁钻的天津话

和普通话相比，天津话常常将翘舌音 zh、ch、sh 读成平舌音 z、c、s，比如将“是”读成“四”；还会在韵母前加上 n，比如将“爱”读成“耐”。天津话的音调也别有风味：一声会读得更轻；二声和三声的声调则更重一些，而且重音往往会落在后半段。跟着我念：“干 (gǎ) 嘛 (mà) 呀？”怎么样，那股又贫又俏皮的味道是不是出来了？

见面都喊“姐姐”

不管多大年纪的女性，到了天津一定会被叫一声“姐姐（jiéjie）”，有时候白发苍苍的老人也这么称呼。别着急，喊姑娘“姐姐”只是我们这里的语言习惯，既是对对方的尊称，也一下子拉近了彼此的关系。

什么是“哏儿”

“哏儿”是天津方言里的代表词语，天津人的性格都能用这个简单的词来概括。“哏儿”到底是什么意思呢？简单来说，是好笑、幽默的意思，在日常生活中有很丰富的运用。“哏儿”传神地表达出了天津人乐天知命的性格。虽然有漕运带来的富庶，但底层人民在天津生活并不容易。为了化解生活的压力，天津人在艰苦的日子中也总能向好的方向看。有一种经典的说法：走路跌倒了，天津人不往别扭上想，哈哈一笑，爬起来赶路是正事。这种乐观的个性在天津话中有生动的体现。

跟我学几句地道的天津话吧！

天津话　普通话

起开——走开

躲我介儿——离我远一点

红眼儿——孙子、孙女

白眼儿——外孙、外孙女

各了崩（běng）子——不合群

胡天儿——胡说

（本页方言多为音译，不以其文字为准）

用手机扫一扫，
听听他们在说什么吧！

（本页普通话翻译多为意译，
非逐字逐句翻译）

尊尊：耕瑶，明天是周六，咱们约几个同学一起去玩吧。

耕瑶：好啊，叫上子轩他们。那咱们具体去哪里玩呢？

尊尊：早上我们去古文化街先逛逛，买点起士林的巧克力；下午去茶馆听相声。

耕瑶：茶馆有推荐的吗？

尊尊：有啊，名流茶馆，我可喜欢那家了！

耕瑶：嘿嘿，我也喜欢。接下来我们去哪里？

尊尊：傍晚我们去鼓楼附近吃饭；嘻嘻，吃完饭呀，我们就去意式风情街玩。

耕瑶：哇，我超想去意式风情街拍照的！不过，咱们玩到太晚不会有事吗？

尊尊：我叫上我妈陪我们一起吧，明天她正好有空。

耕瑶：好呀，好呀，那逛完意式风情街，咱们去乘船看海河夜景，怎么样？

尊尊：好啊，我们先做个简单的计划，然后和小伙伴们一起商量哈！说不准他们还想去坐“天津之眼”呢！

耕瑶：嗯呢，那我今晚就和我爸妈说一声哈！

重口味的天津菜

天津可不只有包子、麻花和炸糕。这里依山靠海，饭桌上既有山珍也有海味，跟我一起来看看吧！

离不开咸味的津菜

天津菜多来自民间，结合这里丰富的物产，形成了独特的津菜。如果用一个字来总结津菜的味道，那一定是“咸”。天津人认为“咸则鲜”，豆浆、老豆腐、粥里都要带点咸才能有滋有味地吃下去。有一种说法认为，天津菜这么咸，是因为旧时代码头劳工干活时容易流失盐分，所以在饮食里就多放盐补充。另外，天津卫的水质也不好，自带盐分。天津人巧用食材，将鲜味引入了饭菜中，后来又发展出酸甜、麻辣的口感。

都说天津美食有“三绝”：狗不理包子、十八街麻花、耳朵眼炸糕。这三种美食已经有100多年的历史了。虽然包子和麻花的名声更大，但炸糕才是天津人更常吃的点心，我们常去附近的早点店吃。

靠水吃水

天津有着得天独厚的水利条件，河鲜和海鲜自然是餐桌上常见的美味。天津人说：“借钱吃海货，不算不会过。”可见天津人对河鲜海货的热爱。每年9月，渤海湾开海，大街小巷都飘来煮皮皮虾、蒸螃蟹的香味。吃海鲜也有讲究，我们常说，最好的海鲜是水煮的，保留了食材本身的滋味。爱吃辣的也可以试一试辣炒海鲜，做得好的辣炒海鲜不仅会保留海鲜的甜鲜，还别有一番风味。

煎饼馃子

说到天津，谁会想不起煎饼馃子呢？天津甚至有一个煎饼馃子协会，规定了天津煎饼馃子的原料、辅料要求等，可见它在天津人的生活中有多么重要。天津人摊煎饼馃子一定要用绿豆面，和着鸡蛋均匀摊开，撒上葱花，加上馃子（油条）或果篦，再刷上酱料，软香薄脆，回味无穷。如果旁边刚好有一个油条摊，卷上刚炸出来的热腾腾的油条，那简直是人间美味啦！对了，这里买煎饼馃子是可以自带鸡蛋的！

大饼卷一切

天津人吃煎饼馃子时讲究不乱加东西，但天津人吃大饼时却可以卷上一切食物。早饭时间，走到街上就能看到许多人手里拿着一张卷饼，薄薄的白面饼里卷着各种食物：鸡蛋、火腿、鸡排、藕夹、茄夹……只要你想吃，什么都能卷。

你问我推荐怎么吃？那一定得是大饼加卷圈了！卷圈是天津的传统小吃了，用豆皮包裹绿豆芽、香菜、粉条、腐乳等拌成的馅，再用面粉调成的糊封住两头切口，炸得焦脆，裹在大饼里。大饼柔软，卷圈酥脆，搭配爽口的杂菜，是最受欢迎的吃法了。

锅巴菜

在天津，锅巴菜可是与煎饼馃子齐名的。天津人把“锅（guō）巴菜”念作“锅（gā）巴菜”。用酱油、淀粉、腐乳、葱花、面酱等打成卤；再把绿豆面煎饼切成细条，拌到卤子里，每根饼条上都沾满卤；最后撒点香油和香菜末，热乎乎、香喷喷的锅巴菜就可以上桌啦！

馒头里面卷面条

馒头很常见，但你吃过卷着面条的馒头吗？其实，这是我们这里的一道特色点心银丝卷：把加了糖的发面抻成细细的圆丝，也可以用刀切出细丝；再用发面皮把细丝包进去，上锅蒸熟。它看起来只是普通的馒头，掰开来就能看到里面的“银丝”啦。

天津有一种小点心叫熟梨糕，但它和梨并没有什么关系。只是因为以前小贩卖这种糕时会一边走一边喊“熟哩儿——糕”，“熟哩”就是“熟了”的意思，久而久之，这种糕就被叫成了熟梨糕。

鲤鱼不刮鳞

津菜中有一道名菜“罾蹦鲤鱼”。“罾”是渔网的意思，“罾蹦鲤鱼”就是说在渔网里活蹦乱跳的鲤鱼。这道菜是把带鳞的鲤鱼炸到酥透，勾芡浇汁，吃起来酸甜滑嫩，鱼鳞和鱼皮的口感恰到好处。有一种说法是，这道菜是用活鱼下锅，有些残忍。但是做鱼必须要处理内脏，所以这种说法其实并不准确。

欢迎来我家做客

天津好吃的、好玩的特别多，欢迎你来做客呀，我带你享受天津人悠闲自在的生活。

绝不能错过早饭

天津的早饭种类实在太多啦，包子、炸糕、煎饼馃子、大饼卷一切，这些外地人都耳熟能详的天津美食，是我们每天吃的早饭。除了这些，还有糖皮儿、老豆腐、锅巴菜、牛肉烧饼、鸡蛋馃子、面茶、羊汤……连吃一个月都不会重样。天津人对吃十分上心，宁愿多等一会儿也得吃到合心意的早饭，如果哪家店前面排起了长队，那这家的东西保准好吃。一碗锅巴菜、两根馃子，干湿搭配，热气腾腾地下了肚，美好的一天开始了。

虾仁独面筋

虾仁独面筋是妈妈的拿手菜。“独”可是天津特有的烹饪手法。“独”其实是天津人常说的小火咕嘟，就是用小火慢炖。做这道菜一定要用我们本地的大面筋，这种面筋尤其筋道厚实。面筋撕成小块后焯水挤干，爆香葱姜后加入虾仁翻炒，然后加入高汤、面筋一起炖。面筋在炖的过程中吸收了浓浓的汤汁，再加上弹滑密实的虾仁，依然是天津人喜欢的咸鲜味道，回味时还带些甘甜，想到就开始流口水了。

天津靠海，连豆腐都吃出了海鲜味。把煎好的豆腐和水汆过的虾仁、鱿鱼、海参、鸡肉等一起炒，勾芡后出锅，就是一道鲜美的八珍豆腐啦。具体的食材可以根据自己的口味调整。嫩滑的豆腐和鲜美的海鲜一起，滋味棒极了！

参加一场下午的婚礼

你知道吗？天津不同地方的婚礼举办的时间也不一样。偏郊区的地方，和北方大部分城市一样，是上午举办婚礼的。然而天津市区的婚礼是从下午开始的：一般下午2点时新郎去接新娘，4点多举办典礼，5点多开始宴席。在接亲之前，大家还一定要吃一顿喜面。

吃出花样的捞面席

天津人爱吃捞面。“逢喜事，吃捞面”，逢年过节、生日婚庆我们都要吃捞面。你来做客，妈妈肯定会做一顿丰盛的捞面席来款待你。天津的捞面是“四碟捞面”：4碟凉菜、4碟炒菜、4碟面菜、4碟面码、2碟面卤，加起来有18道，是名副其实的捞面席。4碟炒菜里，炒鸡蛋必不可少，我们这里叫摊黄菜；还有一道在别处吃不到的糖醋面筋丝，跟捞面简直是绝配。除了菜码，卤也是天津捞面的一道特色。捞面卤讲究咸鲜，常用虾仁、鸡蛋等做原料。妈妈最喜欢做三鲜卤。

盛捞面也是有讲究的。我们一般只盛小半碗面条，否则会被撑到的，因为还要再盛小半碗菜、小半碗码，浇上卤子，这已经是满满一碗了！如果吃饭时有人问你：“够咸淡吗？”这是在让你多吃菜、多放卤子呢。

尊尊和耕瑶的菜谱

妈妈是个美食家，不仅爱做饭，还爱教别人做饭，我就是她最好的学生！

津味老爆三

老爆三是津菜里的名品，这道菜用料扎实、味道浓厚，是天津最受欢迎的一道菜。

主料：里脊、猪肝、猪腰

辅料：青椒、红椒、大葱、洋葱、鸡蛋、大蒜、姜、生抽、老抽、盐、糖、陈醋、白醋、味精、淀粉、食用油

操作步骤：

1. 里脊、猪肝切片，猪腰切成腰花。切片要薄一些，里脊顺着纹路切更好。
2. 把切好的里脊、猪肝用水冲洗，放入盆中用鸡蛋和淀粉抓匀上浆。
3. 大葱、大蒜和姜切末备用。
4. 把2勺生抽，半勺老抽，适量的盐、陈醋、糖、味精、淀粉混合，制成料汁。
5. 青椒、红椒和洋葱都切成块，炒到断生。
6. 把切好的猪腰焯水，可以加些白醋去腥味。
7. 里脊、猪肝和猪腰滑油，盛出备用。
8. 锅里烧热油，倒入葱、蒜和姜爆香，然后倒入主料、青椒、红椒、洋葱和料汁爆炒，盛出。香喷喷的老爆三就可以吃啦。

做老爆三一定要注意火候。最后爆炒的时间很短，变色后就可以出锅了，所以前期必须把主料和辅料都准备好。

槽子糕

槽子糕也叫炉元儿，和蜂蜜蛋糕有些像。它不仅用料简单，做起来也特别简单，是我很喜欢的点心。

主料： 鸡蛋、面粉

辅料： 白砂糖、蜂蜜、柠檬汁、食用油、白芝麻

操作步骤：

1. 把鸡蛋打到碗中，用打蛋器打发，边打边加入白砂糖、蜂蜜、柠檬汁。
2. 面粉过筛。
3. 将筛过的面粉和鸡蛋充分混合。
4. 在模具中抹上食用油，倒入混合后的面糊，在最上面撒上白芝麻。
5. 烤箱 150℃ 预热 10 分钟，再把模具放入烤箱烤 15 分钟，香甜的槽子糕就完成啦。

在打发鸡蛋时加入适量柠檬汁可以去腥，但不要加入过多，否则会发酸的。

1

2
天津站

5

6

9
天津劝业场
ME&CITY

10

3

4

7

9
世纪钟

11

12

1

海河

海河夜景是天津市一道亮丽的风景。夜幕降临之后，海河上的20多座桥亮起灯光，两岸的灯影映在水中，美不胜收。天津人喜欢在海河两岸散步，吹着习习的凉风，观赏这条天津人的母亲河。

2

天津站

天津站在1886年就开始建造了，1888年正式通车运营。1892年，车站的地址移到海河旁边一个叫“老龙头”的地方，所以那时人们就把天津站称作老龙头火车站。新中国成立后，老龙头火车站改名为天津站。经过几次扩建，现在的天津站是一座美丽舒适的现代化火车站。

5

南开大学

南开大学的前身是1904年创办的私立敬业中学堂，1919年大学部建成后，成立南开大学。经历了南迁、复校等众多波折，现在的南开大学是国家重点建设高校，也是天津的骄傲。2019年，这里举行了隆重的百年校庆活动。

6

天津文化中心

天津文化中心是天津市规模最大的公共文化设施，天津博物馆、天津自然博物馆都在天津文化中心里。这里还有天津图书馆、天津美术馆、天津科技馆、天津大剧院、天津青少年活动中心等，可以消磨一整天。

9

天津劝业场

天津劝业场1928年就开业了，是一座折中主义风格的大型建筑，由法籍工程师慕乐设计，开业之初就有300多家店铺入驻。现在仍然保存在这里的“天津劝业场”牌匾是由著名书法家华世奎书写的。

10

盘山

有着“早知有盘山，何必下江南”之称的盘山就在天津。盘山风景秀丽，加上与自然景致融为一体的名胜古迹，吸引了众多文人墨客留下优美的诗句。清朝乾隆皇帝先后到盘山游玩了32次，留下了1000多首诗作。

3

天津之眼

坐高铁经过天津，你一定能看到海河上的“天津之眼”，这座高高的摩天轮像一枚钻戒，是天津的地标之一。摩天轮坐落在永乐桥上，横跨海河，直径约110米，是世界上唯一一座桥上瞰景摩天轮。在转到最高点时向下看，海河的风景尽收眼底，如果是晚上，霓虹灯亮起就更美啦！

4

天津戏剧博物馆

天津戏剧博物馆是在广东会馆的旧址上建立的。这是中国第一座以戏剧为主题的专题博物馆，馆里有一座中国传统古典戏楼，屋顶的藻井可以使戏台上的声音传到戏楼的每个角落。梅兰芳先生曾经在这里演出。

7

意式风情街

临近海河的地方，有一条非常漂亮的意式风情街，这里原本是意大利租界，因此保留着许多意大利风格的小洋楼。在这里散步，你会看到许多熟悉的场景，因为很多影视剧都是在这里取景拍摄的，比如《建国大业》《梅兰芳》等，是不是很惊喜？

8

世纪钟

世纪钟是天津的标志性建筑之一。2000年1月1日零时，世纪钟的钟声第一次响起，迎接新世纪的到来。这座全金属结构的建筑高约40米，约170吨重，从天津站走出来，就可以看到它了。

11

天津广播电视塔

天津广播电视塔是津门十景之一，人们通常叫它“天塔”。它坐落在天塔湖中，高415.2米。它不仅是一座电视塔，还有观景大厅和旋转餐厅，乘坐电梯可以在1分钟内到达高高的塔楼里。

12

大沽口炮台遗址

大沽口炮台是中国近代史上重要的海防屏障。明初永乐皇帝迁都北京后，这里的战略地位就越来越凸显。1817年，大沽口南北两岸各建了一座圆形炮台，是大沽口最早的炮台。现在大沽口炮台遗址被誉为“海门古塞”，是津门十景之一。

附录

图片版权说明

全书图片的版权说明如下：

· p29 左上（大饼卷一切）、p30 左下（八珍豆腐）、p31 右下（糖醋面筋丝），芦岩提供；

· P10 左下（积木塔）、右下（曲线运球），p11 全部图片，p28 左下（煎饼馃子），雅楠提供；

· 其他图片来自“图虫创意”图库网站（上海图虫网络科技有限公司）。

加入阳光秀美童书书友会

扫一扫，加入阳光秀美童书书友会

只要完成以下两步，就能第一时间获得最新书讯和活动消息！

1. 扫二维码，关注阳光秀美童书馆公众号；

2. 成功关注后，发送您的微信号，就能敲开童书馆的大门！

更多亲子课堂、好书分享等你来哟！

“去旅行”系列大家庭

“去旅行”系列由中法合作，以不同国家和城市的日常生活为切入点，介绍英国、德国、日本、印度、葡萄牙等6个国家，及北京、广州、贵阳、重庆等国内9个城市，内容涵盖文化、生活、教育等方方面面。最新版本加入6个新的特色城市，并采用新的形式、新的包装，是一套绝佳的综合性儿童知识百科书。

人文知识 | 语文诗词 | 历史典故 | 地理常识

英国
美国
德国
意大利
西班牙
日本

俄罗斯
印度
挪威
葡萄牙
摩洛哥
塞内加尔

贵阳
重庆
苏州

北京
杭州
哈尔滨
广州
成都
西安

建筑奇迹 | 风土人情 | 饮食文化 | 方言精髓